통기초
중국어
생활회화

HandSumbook

이지랭기지 스터디 엮음
Easy Language Study

정진출판사

머리말

'가깝고도 먼 나라' 우리가 일본을 표현할 때 주로 쓰는 말입니다. 하지만 우리 나라에는 일본 외에 또하나의 '가깝고도 먼 나라'가 있습니다. 바로 중국입니다. 중국과 우리 나라는 역사상 밀접한 관계를 가진 가까운 이웃나라입니다. 단절되었던 중국과의 관계가 수교 이후 급속하게 발전되었고 지금은 경제적·정치적으로 뗄래야 뗄 수 없는 관계가 되어가고 있습니다.

이런 시류에 따라 중국어 학습의 열풍도 무척 뜨겁습니다. 많은 사람들이 중국 관련 업무에 종사하는지에 관계 없이, 미래에 대한 대비를 위해, 여행을 위해, 혹은 취미로 중국어를 배우고 있고 교재 또한 많이 나오고 있습니다. 일상 표현사전 류의 교재들도 많이 나와 있습니다. 하지만 기초를 막 끝낸 학습자들이 자연스럽게 다양한 회화를 익힐 수 있는 쉬운 교재는 그리 많아 보이지 않습니다. 이 교재는 그 일환으로 만들어졌습니다. 기존에 분량이 많은 일상회화사전을 분석하고 압축하여 초보자들에게 유용한, 꼭 필요한 표현들만 모아 만들었습니다.

이 책의 특징은 다음과 같습니다.

1. 일반 표현사전을 압축하여 초보자에게 유용한 꼭 필요한 표현들을 수록한 초미니 실용 회화사전입니다.
2. 각 꼭지별로 관련 어휘를 수록하여 중국어 표현과 어휘를 함께 익힐 수 있도록 하였습니다.
3. 휴대가 가능한 포켓판 사이즈, 홈페이지에서 mp3를 다운받아 항상 가지고 다니면서 보고 들으며 학습할 수 있습니다.

깊이 있는 공부를 한다면 이 책에 나와 있는 중국어 표현들로는 분명 부족할 것입니다. 하지만 기초를 막 끝낸 학습자가 좀더 많은 어휘와 표현을 익히고자 한다면 이 교재는 상당히 유용할 것이라 생각합니다. 이 책이 중국어 학습자 여러분들의 실력향상에 도움이 되는 쓸모 있는 도구가 되길 바랍니다.

차례

머리말 ·· 3

제1장 인사와 소개

1. 인사 ·· 10
2. 처음 만났을 때 ·························· 12
3. 오랜만에 만났을 때 ··················· 14
4. 안부를 물을 때 ·························· 16
5. 헤어질 때 ································· 18
6. 누구인지 물을 때 ······················ 20
7. 소개하기 ·································· 22
8. 국적 묻기 ································· 24
9. 직업 묻기 ································· 26
10. 출신지 · 거주지 묻기 ················ 28
11. 가족소개 ① ····························· 30
12. 가족소개 ② ····························· 32
13. 나이를 물을 때 ························ 34

- ***관련단어*** 나라 이름 / 직업 / 지명 / 가족 간의 호칭

제2장 시간과 날씨

1. 시간을 물을 때 ·························· 40
2. 요일을 물을 때 ·························· 42
3. 날짜를 물을 때 ·························· 44
4. 시간에 관한 표현 ······················ 46
5. 약속을 정할 때 ·························· 48
6. 날씨표현 ① ······························· 50
7. 날씨표현 ② ······························· 52
8. 자연재해 ·································· 54

- ***관련단어*** 중국어 숫자 읽기 / 시간 · 나이 / 날짜 · 요일
하루의 때를 나타내는 말 / 날씨 · 기상

제3장 의견 감정 관심

1. 긍정의 표현(동의·맞장구) ············ 60
2. 부정의 표현 ························· 62
3. 기쁠 때 ···························· 64
4. 기분이 좋지 않을 때 ················· 66
5. 화나거나 놀랐을 때 ·················· 68
6. 실망·불만일 때 ····················· 70
7. 칭찬하고 격려할 때 ·················· 72
8. 사과할 때 ·························· 74
9. 허락을 구할 때 ······················ 76
10. 제안·요청 ························· 78
11. 거절할 때 ························· 80
12. 의견을 구할 때 ····················· 82
13. 위로할 때 ························· 84
14. 도움을 줄 때 ······················ 86
15. 외모에 대한 표현 ··················· 88
16. 성격에 대한 표현 ··················· 90

• **관련단어** 외모 관련 어휘 / 성격 관련 어휘

제4장 일상 생활

1. 학교생활 ·························· 94
2. 회사생활 ·························· 96
3. 주거 ······························ 98
4. 휴가계획 ·························· 100
5. 취미생활 ·························· 102
6. 스포츠 ···························· 104
7. 종교 ······························ 106
8. 병원에서 ·························· 108
9. 약국에서 ·························· 110

차례

10. 우체국에서 ·················· 112
11. 미용실에서 ·················· 114
12. 도서관에서 ·················· 116
13. 은행에서 ····················· 118
14. 공원·관람장 ················ 120

- **관련단어** 학교생활 / 사무용품 / 직급·직책 / 회사생활 관련 어휘
  운동·취미 / 가구·전자제품 / 종교 / 병원·질병 관련 어휘
  우체국 관련 어휘 / 이발·미용 관련 어휘
  도서관 관련 어휘 / 은행·경제 관련 어휘

제5장 전화

1. 전화를 걸 때 ················· 130
2. 전화를 받을 때 ··············· 132
3. 부재 중일 때 ················· 134
4. 말을 전할 때 ················· 136
5. 기타 전화 상황 ··············· 138

- **관련단어** 전화 관련 어휘

제6장 초대·방문·축하

1. 초대할 때 ····················· 142
2. 방문할 때 ····················· 144
3. 손님을 맞이할 때 ············· 146
4. 식사를 대접할 때 ············· 148
5. 손님을 배웅할 때 ············· 150
6. 축하의 표현 ··················· 152
7. 감사의 표현 ··················· 154
8. 신년 축하 ····················· 156

- **관련단어** 여러 가지 맛 / 주요 요리법 / 여러 가지 요리
  음료 / 중국의 차 / 중국의 명절·기념일

제7장 쇼핑·식사

1. 물건을 고를 때 ① ·············· 162
2. 물건을 고를 때 ② ·············· 164
3. 수퍼에서 물건 구입 ·············· 166
4. 가격 흥정하기 ·············· 168
5. 물건 값 계산, 포장 ·············· 170
6. 교환·반품 ·············· 172
7. 식사 ·············· 174
8. 패스트푸드·분식 ·············· 176
9. 맛에 대한 표현 ·············· 178
10. 술을 마실 때 ·············· 180
11. 식사 시의 기타 요청 ·············· 182
12. 식사비 계산하기 ·············· 184

- **관련단어** 의류의 명칭 / 색깔 / 식사 관련 어휘 / 중국의 8대 명주 술 관련 어휘

제8장 교통

1. 길을 물을 때 ·············· 190
2. 길을 안내할 때 ·············· 192
3. 버스를 이용할 때 ·············· 194
4. 지하철을 이용할 때 ·············· 196
5. 열차를 이용할 때 ·············· 198
6. 택시를 이용할 때 ·············· 102
7. 비행기 기내에서 ·············· 204

- **관련단어** 교통 관련 어휘 / 도시 교통수단 / 장거리 교통수단 주요 열차의 종류 / 열차 좌석의 종류

제9장 호텔·관광

1. 출입국 심사 ·············· 208

차례

  2. 수하물 찾기 ·················· 210
  3. 세관에서 ······················ 212
  4. 객실 예약 · 방 구하기 ·········· 214
  5. 체크인 ························ 216
  6. 룸서비스 ······················ 218
  7. 물품 보관 ····················· 220
  8. 체크아웃 ······················ 222
  9. 관광지에서 ···················· 224
  10. 사진을 찍을 때 ················ 226
  11. 자전거 대여 ··················· 228
  • **관련단어** 호텔 숙박 관련 어휘 / 카메라 관련 어휘

제10장 위급상황

  1. 도둑 맞았을 때 ················ 232
  2. 물건을 잃어버렸을 때 ··········· 234
  3. 사고를 당했을 때 ··············· 236
  4. 고장난 것을 수리할 때 ·········· 238
  • **관련단어** 위급상황 관련 어휘

부록 / 그림으로 익히는 단어

  ⑴ 식사 도구
  ⑵ 중국의 간이 음식
  ⑶ 학용품
  ⑷ 컴퓨터
  ⑸ 카메라
  ⑹ 자전거
  ⑺ 객실
  ⑻ 욕실
  ⑼ 손 숫자
  ⑽ 12지의 동물들
  ⑾ 사람의 몸
  ⑿ 채소와 과일

인사와 소개

1. 인사
2. 처음 만났을 때
3. 오랜만에 만났을 때
4. 안부를 물을 때
5. 헤어질 때
6. 누구인지 물을 때
7. 소개하기
8. 국적 묻기
9. 직업 묻기
10. 출신지 · 거주지 묻기
11. 가족소개 ①
12. 가족소개 ②
13. 나이를 물을 때

제1장 1. 인사

> **주요표현**
>
> A : **你好！**
> Nǐ hǎo!
> 니 하오
>
> B : **您好！**
> Nín hǎo!
> 닌 하오
>
> A : 안녕하세요!
> B : 안녕하십니까!

안녕하세요!
你好！ Nǐ hǎo!
니 하오

> '你' 앞에 인사를 하는 대상이나 시점을 붙이면 그에 상응하는 인사말이 된다.

여러분 안녕하세요!
你们好！ Nǐmen hǎo!
니먼 하오

여러분 안녕하세요!
大家好！ Dàjiā hǎo!
따쟈 하오

안녕하십니까!(존칭)
您好！ Nín hǎo!
닌 하오

안녕하십니까!(이른 아침)
早安！ Zǎo'ān!
자오 안

인사와 소개

안녕하십니까!(아침인사)

早上好！
Zǎoshang hǎo!
쟈오샹 하오

안녕하십니까!(저녁인사)

晚上好！
Wǎnshang hǎo!
완샹 하오

안녕히 주무세요!(늦은 밤, 잠자기 전)

晚安！
Wǎn'ān!
완 안

중국어 인사말 중에 가장 많이 쓰이는 보편적인 인사말은 '你好(니 하오)'이다. 우리 나라 사람들 대부분이 알고 있는 중국어이기도 하다. 이 말은 남녀노소 누구나, 듣는 대상에 관계 없이 하는 인사말로 우리말 '안녕', 혹은 '안녕하세요.'에 해당한다.

제1장 2. 처음 만났을 때

주요표현

A : 初次见面, 我叫金明德。
Chū cì jiànmiàn, wǒ jiào Jīn Míngdé.
추츠 지엔미엔 워 쟈오 찐밍더

B : 久仰久仰, 我叫张大伟。
Jiǔyǎng jiǔyǎng, wǒ jiào Zhāng Dàwěi.
지우양 지우양 워 쟈오 짱따웨이

A : 처음 뵙겠습니다. 저는 김명덕이라고 합니다.
B : 말씀 많이 들었습니다. 저는 장대위라고 합니다.

처음 뵙겠습니다.

初次见面。
Chū cì jiànmiàn.
추츠 지엔미엔

> 대표적인 중국어 인사말(客套话) 중의 하나로 사람을 처음 만났을 때 쓴다.

말씀 많이 들었습니다.

久仰久仰。
Jiǔyǎng jiǔyǎng.
지우양 지우양

당신을 만나서 매우 기쁩니다.

见到您, 很高兴。
Jiàndào nín, hěn gāoxìng.
찌엔따오 닌 헌 까오싱

당신을 알게 되어 매우 기쁩니다.

认识你, 很高兴。
Rènshi nǐ, hěn gāoxìng.
런스 니 헌 까오싱

인사와 소개

저는 김명덕입니다.

我是金明德。
Wǒ shì Jīn Míngdé.
워 스 찐밍더

성함이 어떻게 되세요?

您贵姓?
Nín guìxìng?
닌 꿰이씽

죄송합니다. 자기 소개가 늦어졌습니다.

对不起，未能先作自我介绍。
Duìbuqǐ, wèi néng xiān zuò zìwǒ jièshào.
뛔이부치 웨이 넝 시엔 쭈오 쯔워 지에샤오

잘 부탁드립니다.

请多多关照。
Qǐng duōduō guānzhào.
칭 뚜오뚜어 꾸안자오

제1장 3. 오랜만에 만났을 때

> A : 哦, 这不是金明德先生吗?
> Ó, zhè bú shì Jīn Míngdé xiānsheng ma?
> 오 쩌 부스 찐밍더 시엔셩 마
>
> B : 好久不见了, 林智英小姐。
> Hǎojiǔ bújiàn le, Lín Zhìyīng xiǎojiě.
> 하오지우 부지엔러 린쯔잉 샤오지에
>
> A : 어머, 김명덕 씨 아니세요?
> B : 오래간만이군요, 임지영 양.

오랜만이네요. 건강하세요?
好久不见, 身体好吗? Hǎojiǔ bújiàn, shēntǐ hǎo ma?
하오지우 부지엔 션티 하오 마

덕분에 건강해요.
托您的福, 很健康。 Tuō nín de fú, hěn jiànkāng.
투오 닌더 푸 헌 지엔캉

오랜간만이군요.
好久没见了。 Hǎojiǔ méi jiàn le.
하오지우 메이지엔러

이미 3년이 되었습니다.
已有三年了。 Yǐ yǒu sān nián le.
이 요우 싼 니엔러

안녕하시지요?
你好吗? Nǐ hǎo ma?
니 하오 마

인사와 소개

건강하시지요?
身体好吗?
Shēntǐ hǎo ma?
션티 하오 마

우리가 전에 어디선가 만난 적 있지요?
我们以前好像在哪里见过吧?
Wǒmen yǐqián hǎoxiàng zài nǎli jiànguo ba?
워먼 이치엔 하오시앙 짜이 나리 찌엔궈 바

'선생'에 대해서
중국에서도 상대를 높여 부를 때 '선생(先生)'이란 단어가 사용된다. 단, 한국어에서는 상대를 높이는 존칭과 학생을 가르치는 교사를 지칭할 때 모두 사용되지만 중국어에서는 상대를 높이는 존칭으로 주로 사용하고 '교사'를 이르는 말 '老师'와 혼용하여 쓰는 일은 거의 없다.

제1장 4. 안부를 물을 때

주요표현

A : 看起来王先生挺健康。
Kàn qǐlái Wáng xiānsheng tǐng jiànkāng.
칸치라이 왕시엔셩 팅 찌엔캉

B : 是, 托您的福。
Shì, tuō nín de fú.
스 투오 닌더 푸

A : 왕 선생님은 매우 건강해 보이는군요.
B : 네, 덕분에요.

하시는 일은 잘 되세요?

工作顺利吗? Gōngzuò shùnlì ma?
꽁쭈오 슌리 마

그런대로요.

还可以。 Hái kěyǐ.
하이 커이

하시는 일은 바쁘세요?

工作忙不忙? Gōngzuò máng bu máng?
꽁쭈오 망뿌망

매우 바쁩니다.

挺忙的。 Tǐng máng de.
팅 망더

요즘 어떻게 지내세요?

最近过得怎么样? Zuìjìn guò de zěnmeyàng?
쭈에이진 꿔더 쩐머양

인사와 소개

사업은 잘 되시죠?

工作还可以吧?
Gōngzuò hái kěyǐ ba?
꿍쭈오 하이 커이 바

별로 안 좋아요. 가까스로 살고 있어요.

不太好。勉强活着。
Bú tài hǎo. Miǎnqiǎng huózhe.
부타이 하오 미엔치앙 훠저

📎 '공작'에 대해서

중국과 우리 나라는 한자를 공유하여 사용하고 있지만 같은 한자라도 다른 의미로 사용하는 경우도 많으니 주의해야 한다. '공작(工作)'의 경우 우리는 '공작, 일을 꾸밈' 등의 의미로 쓰고 있으며 좋지 않은 의미를 내포하기도 하지만 중국에서는 단순히 '일, 업무, 직업'의 의미로만 쓰고 있다.

제1장

5. 헤어질 때

주요표현

A : 好了, 时间不早了, 我该走了。
Hǎo le, shíjiān bù zǎo le, wǒ gāi zǒu le.
하오러 스지엔 뿌 자오러 워 까이 조우러

B : 请向王先生转达我的问候。
Qǐng xiàng Wáng xiānsheng zhuǎndá wǒ de wènhòu.
칭 시앙 왕시엔셩 주안다 워더 원호우

A : 그럼, 시간도 늦었으니 가 보겠습니다.
B : 왕 선생님께도 안부 전해 주세요.

안녕히 계세요!
再见! Zàijiàn!
짜이지엔

> 중국어의 가장 대표적인 헤어질 때의 인사말. 직역하면 '또 만나자'의 의미

그럼, 내일 뵙겠습니다!
那么, 明天见吧! Nàme, míngtiān jiàn ba!
나머 밍티엔 지엔 바

다음에 뵙겠습니다.
后会有期。 Hòu huì yǒu qī.
호우 훼이 요우 치

편안하시길 빕니다. (헤어질 때)
祝你平安。 Zhù nǐ píng'ān.
쭈 니 핑안

가겠습니다.
我走了。 Wǒ zǒu le.
워 조우러

인사와 소개

살펴가세요.

慢走。
Màn zǒu.
만 조우

나오지 마세요.

请留步。
Qǐng liúbù.
칭 리우뿌

나중에 뵙겠습니다.

日后再见吧。
Rìhòu zàijiàn ba.
르호우 짜이지엔 바

헤어질 때의 인사말 '再见'

만날 때의 인사말 '好' 앞에 대상이나 시점을 붙여 상황에 맞게 사용할 수 있는 것처럼 '再见'도 유사하게 사용할 수 있다. '见' 앞에 다시 만날 때를 넣으면 '明天见(내일 보자)', '下午见(오후에 보자)'처럼 좀더 구체적인 인사가 된다.

제1장

6. 누구인지 물을 때

A : 她是谁?
Tā shì shéi?
타 스 셰이

B : 她是我们公司社员刘芳。
Tā shì wǒmen gōngsī shèyuán Liú Fāng.
타 스 워먼 꽁쓰 셔위엔 리우팡

A : 저분은 누구십니까?
B : 저 사람은 우리 회사 사원인 류팡입니다.

당신은 성함이 어떻게 되십니까?
您贵姓?
Nín guìxìng?
닌 꿰이씽

저는 장학우라고 합니다.
我叫张学友。 Wǒ jiào Zhāng Xuéyǒu.
워 쟈오 장쉬에요우

저는 한국 무역 회사의 박정진입니다.
我是韩国贸易公司的朴正进。
Wǒ shì Hánguó Màoyì Gōngsī de Piáo Zhèngjìn.
워 스 한궈 마오이 꽁쓰더 퍄오쩡찐

저분은 누구세요?
他是谁?
Tā shì shéi?
타 스 셰이

'谁 shéi'는 'shuí'로 발음할 수도 있다.

인사와 소개

그는 저의 선배입니다.

他是我的前辈。
Tā shì wǒ de qiánbèi.
타 스 워더 치엔뻬이

그는 저의 후배입니다.

他是我的后辈。
Tā shì wǒ de hòubèi.
타 스 워더 호우뻬이

그분은 저의 상사입니다.

那位是我的上司。
Nà wèi shì wǒ de shàngsī.
나웨이 스 워더 샹쓰

이 사람은 나의 부하입니다.

这是我的下属。
Zhè shì wǒ de xiàshǔ.
쩌 스 워더 샤슈

그는 저의 회사 동료 류징입니다.

他是我的同事刘京。
Tā shì wǒ de tóngshì Liú Jīng.
타 스 워더 통스 리우징

3인칭 대사

3인칭을 나타내는 대사로는 '他, 她, 它'가 있다. '他'는 남성을 지칭하거나 사람을 포괄하여 이를 때 쓰고 '她'는 여성을, '它'는 동물이나 사물을 지칭할 때 쓴다.

제1장 7. 소개하기

주요표현

A : 由我来介绍, 这位是王先生。
Yóu wǒ lái jièshào, zhè wèi shì Wáng xiānsheng.
요우 워 라이 지에샤오 쩌웨이스 왕시엔셩

B : 我叫王文, 各位, 请多多关照。
Wǒ jiào Wáng Wén, gè wèi, qǐng duōduō guānzhào.
워 쟈오 왕원 꺼웨이 칭 뚜오뚜오 꾸안자오

A : 제가 소개하겠습니다. 이분은 왕 선생(님)입니다.
B : 저는 왕문이라고 합니다, 여러분, 잘 부탁드립니다.

제가 소개하겠습니다. 이분은 왕 선생님입니다.
由我来介绍, 这位是王先生。
Yóu wǒ lái jièshào, zhè wèi shì Wáng xiānsheng.
요우 워 라이 지에샤오 쩌웨이 스 왕시엔셩

우리 서로 통성명하지요.
我们认识一下。
Wǒmen rènshi yíxià.
워먼 런스 이시아

> '位 wèi'는 '분'의 의미로 지칭하는 대상을 높이는 역할을 한다.

저는 류팡입니다, 처음 뵙겠습니다, 잘 부탁드립니다.
我叫刘芳, 初次见面, 请多多关照。
Wǒ jiào Liú Fāng, chū cì jiànmiàn, qǐng duōduō guānzhào.
워 쟈오 리우팡 추츠 지엔미엔 칭 뚜오뚜오 꾸안자오

제게 그분을 소개시켜 주시지 않겠습니까?
能不能给我介绍一下那位先生?
Néng bu néng gěi wǒ jièshào yíxià nà wèi xiānsheng?
넝뿌넝 게이워 지에샤오 이시아 나웨이 시엔셩

인사와 소개

이분은 저희 회사 과장님입니다.

这位是我们公司科长。
Zhè wèi shì wǒmen gōngsī kēzhǎng.
쩌웨이 스 워먼 꽁쓰 커장

제가 스스로를 소개하겠습니다.

我来自我介绍一下。
Wǒ lái zì wǒ jièshào yíxià.
워 라이 쯔워 지에샤오 이시아

우리는 일찍이 아는 사이입니다.

我们早就认识了。
Wǒmen zǎojiù rènshi le.
워먼 자오지우 런스러

제1장

8. 국적 묻기

주요표현

A : 金先生是韩国人吗?
Jīn xiānsheng shì Hánguórén ma?
찐시엔셩 스 한궈런 마

B : 是, 我是韩国人。
Shì, wǒ shì Hánguórén.
스 워 스 한궈런

A : 김 선생은 한국인이십니까?
B : 네, 저는 한국인입니다.

당신은 어느 나라 사람입니까?

您是哪国人?
Nín shì nǎ guó rén?
닌 스 나궈런

저는 영국인입니다. 당신은요?

我是英国人, 您呢?
Wǒ shì Yīngguórén, nín ne?
워 스 잉궈런 닌 너

저는 중국인입니다.

我是中国人。
Wǒ shì Zhōngguórén.
워 스 쫑궈런

> 국명이나 지역 이름 뒤에 '人 rén'을 붙이면 해당 국가, 그 지역 사람임을 나타내게 된다.

저는 미국인입니다.

我是美国人。
Wǒ shì Měiguórén.
워 스 메이궈런

인사와 소개

저는 일본인이 아닙니다. 저는 한국인입니다.
我不是日本人，是韩国人。
Wǒ bú shì Rìběnrén, shì Hánguórén.
워 부스 르번런 스 한궈런

우리는 모두 한국 사람입니다.
我们都是韩国人。
Wǒmen dōu shì Hánguórén.
워먼 또우스 한궈런

당신은 정말 중국 사람같이 생겼어요.
你很像中国人。
Nǐ hěn xiàng Zhōngguórén.
니 헌 시앙 쭝궈런

제1장 9. 직업 묻기

> A : 你做什么工作?
> Nǐ zuò shénme gōngzuò?
> 니 쭈오 션머 꽁쭈오
>
> B : 我是学生,大学2年级。
> Wǒ shì xuésheng, dàxué èr niánjí.
> 워 스 쉬에셩 따쉬에 얼니엔지
>
> A : 당신은 무슨 일을 하십니까?
> B : 저는 학생입니다. 대학 2학년입니다.

당신 직업은 무엇입니까?

你的工作是什么?   Nǐ de gōngzuò shì shénme?
니더 꽁쭈오 스 션머

어느 회사에서 일하고 계세요?

在哪个公司工作?   Zài nǎge gōngsī gōngzuò?
짜이 나거 꽁쓰 꽁쭈오

저는 신문사에서 일하고 있습니다.

我在报社工作。   Wǒ zài bàoshè gōngzuò.
워 짜이 빠오셔 꽁쭈오

저는 가정주부입니다.

我是家庭主妇。   Wǒ shì jiātíng zhǔfù.
워 스 쟈팅 주푸

저는 무역회사를 경영하고 있습니다.

我在经营贸易公司。   Wǒ zài jīngyíng màoyì gōngsī.
워 짜이 찡잉 마오이 꽁쓰

인사와 소개

저는 학생입니다.
我是学生。
Wǒ shì xuésheng.
워 스 쉬에셩

회사에서 무슨 일을 하세요?
在公司里做什么工作?
Zài gōngsī lǐ zuò shénme gōngzuò?
짜이 꽁쓰 리 쭈오 션머 꽁쭈오

판매 업무를 담당하고 있습니다.
负责销售业务。
Fùzé xiāoshòu yèwù.
푸저 샤오쇼우 예우

어느 대학에 다니고 계세요?
上哪个大学?
Shàng nǎge dàxué?
샹 나거 따쉬에

대학에서 무엇을 전공하고 계세요?
在大学攻读哪个专业?
Zài dàxué gōngdú nǎge zhuānyè?
짜이 따쉬에 꽁두 나거 쭈안예

저는 미술을 공부하고 있습니다.
我在学习美术。
Wǒ zài xuéxí měishù.
워 짜이 쉬에시 메이슈

제1장   10. 출신지·거주지 묻기

주요표현

A : 你家在哪儿?
Nǐ jiā zài nǎr?
니 지아 짜이 날

B : 我家在韩国首尔，是个好地方。
Wǒ zhù zài Hánguó Shǒu'ěr, shì ge hǎo dìfang.
워 지야 짜이 한궈 쇼우얼 스거 하오 띠팡

A : 당신 댁은 어디세요?
B : 저의 집은 한국의 서울에 있습니다. 좋은 곳이지요.

당신 댁은 어디세요?

你家在哪儿?   Nǐ jiā zài nǎr?
니 지아 짜이 날

당신은 어디에 살고 계십니까?

您住在什么地方?   Nín zhù zài shénme dìfang?
닌 쭈짜이 션머 띠팡

> '老家 lǎojiā' 대신 '故乡 gùxiāng 고향'을 써도 된다.

당신의 고향은 어디입니까?

您的老家在哪儿?   Nín de lǎojiā zài nǎr?
닌더 라오지아 짜이 날

당신은 어디에서 오셨습니까?

您是从哪里来的?   Nín shì cóng nǎli lái de?
닌 스 총 나리 라이더

당신은 어디 사람입니까?

您是哪里人?   Nín shì nǎli rén?
닌 스 나리런

인사와 소개

당신은 어느 지역 사람입니까?

您是什么地方人? Nín shì shénme dìfang rén?
닌 스 션머 띠팡런

당신은 어디 사람입니까?

您是哪儿的? Nín shì nǎr de?
닌 스 날더

저의 집은 베이징에 있습니다.

我家在北京。 Wǒ jiā zài Běijīng.
워 지아 짜이 베이징

저는 한국에서 왔습니다.

我是从韩国来的。 Wǒ shì cóng Hánguó lái de.
워 스 총 한궈 라이더

출신지 묻기

중국은 넓은 국토에 여러 민족이 섞여 살고 있어 같은 중국인이라도 '어디 사람이냐?'는 질문을 많이 하는 편이다. 서로 방언으로 말할 경우 대화가 안 될 정도로 방언이 심한 지역도 많기 때문에 한국인이나 일본인 유학생이 서툰 중국어로 말할 때 타지역 사람으로 오해받는 경우도 많다.

제1장 11. 가족 소개 ①

> A : 你家都有什么人?
> Nǐ jiā dōu yǒu shénme rén?
> 니 지아 또우 요우 션머 런
>
> B : 除父母外还有一个姐姐。
> Chú fùmǔ wài hái yǒu yí ge jiějie.
> 추 푸무 와이 하이요우 이거 지에지에
>
> A : 당신 댁에는 누구누구가 있지요?
> B : 부모님 외에 누나가 한 분 있습니다.

당신의 가족은 몇 분이세요?
你家有几口人? Nǐ jiā yǒu jǐ kǒu rén?
니 지아 요우 지코우 런

우리 가족은 네 명입니다.
我家有四口人。 Wǒ jiā yǒu sì kǒu rén.
워 지아 요우 쓰코우 런

> '口 kǒu'는 '식구'의 뜻으로 사람을 셀 때 쓰는 양사

모두 누구누구입니까?
都有什么人? Dōu yǒu shénme rén?
또우 요우 션머 런

외아들입니다.
独生子。 Dúshēngzǐ.
두셩즈

자제분이 있으신가요?
你有孩子吗? Nǐ yǒu háizi ma?
니 요우 하이즈 마

30

인사와 소개

있습니다. 아들[딸]입니다.

有，是儿子[女儿]。 Yǒu, shì érzi [nǚ'ér].
요우 스 얼즈 [뉘얼]

이쪽은 제 안사람이고, 저쪽은 제 아들입니다.

这是我妻子，那是我儿子。 Zhè shì wǒ qīzi, nà shì wǒ érzi.
쩌 스 워 치즈 나 스 워 얼즈

집에서 몇 째세요?

你是老几? Nǐ shì lǎo jǐ?
니 스 라오 지

저는 맏이입니다.

我是老大。 Wǒ shì lǎodà.
워 스 라오따

📎 **형제자매의 서열**

형제자매의 순서를 나타낼 때 첫째의 경우 '老大 lǎodà'라고 하며 그 아래는 '老二 lǎo'èr', '老三 lǎosān' 하는 식으로 '老' 뒤에 숫자를 붙여 서열을 표시한다.

제1장 12. 가족 소개 ②

주요표현

A : 王林先生结婚了吗?
Wáng Lín xiānsheng jiéhūnle ma?
왕린 시엔셩 지에훈러 마

B : 是的, 去年结的, 你呢?
Shìde, qùnián jié de, Nǐ ne?
스더, 취니엔 지에더, 니너

A : 왕린 선생(님)은 결혼하셨어요?
B : 네, 작년에 결혼했어요. 당신은요?

이분은 제 남편입니다.
这位是我丈夫。
Zhè wèi shì wǒ zhàngfu.
쩌 웨이 스 워 짱푸

결혼하셨어요?
你结婚了吗?
Nǐ jiéhūnle ma?
니 지에훈러 마

아직 안 했습니다.
还没有。
Hái méiyǒu.
하이 메이요우

처와 같이 삽니다.
跟妻子一起生活。
Gēn qīzi yìqǐ shēnghuó.
껀 치즈 이치 셩훠

인사와 소개

혼자 삽니다.

是单身。
Shì dānshēn.
스 딴션

박 선생님 댁은 맞벌이하십니까?

朴先生家是双职工吗?
Piáo xiānsheng jiā shì shuāngzhígōng ma?
퍄오 시엔성 지아 스 슈앙즈꽁 마

한국에는 맞벌이하는 분이 많습니까?

韩国双职工多吗?
Hánguó shuāngzhígōng duō ma?
한궈 슈앙즈꽁 뚜오 마

대부분 맞벌이하고 있습니다.

大部分是双职工。
Dàbùfen shì shuāngzhígōng.
따뿌펀 스 슈앙즈꽁

한 자녀 낳기 운동과 소황제

중국 정부는 급격한 인구 증가를 막기 위해 1979년부터 '한 자녀 낳기' 정책을 수립하여 시행하고 있다. 이 정책의 영향으로 대도시 가정은 부모와 아이가 함께 사는 3인 가정이 많다. 이런 가정의 아이들을 소황제라고 지칭하는데 어릴 때부터 집안의 귀여움과 보살핌을 한 몸에 받고 자란다는 의미이다. 1980년 이후 태어난 소황제들은 이제 성장하여 중국 사회와 소비시장의 주도층으로 자리잡고 있다.

제1장

13. 나이를 물을 때

> A : 今年多大了?
> Jīnnián duō dà le?
> 찐니엔 뚜오따러
>
> B : 27岁。
> Èrshíqī suì.
> 얼스치 쒜이
>
> A : (올해) 나이가 어떻게 되세요?
> B : 27세입니다.

너 몇 살이니?
你几岁呀? Nǐ jǐ suì ya?
니 지쒜이 야

올해 나이가 어떻게 되셨습니까?
今年多大年纪了? Jīnnián duō dà niánjì le?
찐니엔 뚜오따 니엔지 러

매우 젊어 보이시네요.
看起来很年轻。 Kàn qǐlái hěn niánqīng.
칸치라이 헌 니엔칭

부모님은 연세가 어떻게 되세요?
父母多大岁数。 Fùmǔ duō dà suìshu?
푸무 뚜오따 쒜이슈

몇 년 생이세요?
哪年出生的? Nǎ nián chūshēng de?
나 니엔 추셩더

인사와 소개

저는 1984년생입니다

我是1984年出生的。 Wǒ shì yī jiǔ bā sì nián chūshēng de.

워 스 이지우빠쓰니엔 추셩더

당신의 띠는 무엇입니까?

你的属相是什么? Nǐ de shǔxiang shì shénme?

니더 슈시앙 스 션머

> '属 shǔ'는 띠를 나타내는 말이다.
> 属牛 shǔ niú 소띠 / 属羊 shǔ yáng 양띠

저는 쥐띠입니다.

我属老鼠。 Wǒ shǔ lǎoshǔ.

워 슈 라오슈

제가 나이가 아래입니다.

我是晚辈。 Wǒ shì wǎnbèi.

워 스 완뻬이

저와 그는 동갑입니다.

我和他同岁。 Wǒ hé tā tóngsuì.

워 허 타 통쒜이

그녀는 저보다 3살 위의 선배입니다.

她是比我大三岁的前辈。
Tā shì bǐ wǒ dà sān suì de qiánbèi.
타 스 비 워 따 싼쒜이더 치엔뻬이

나이를 묻는 질문은 대상에 따라 다르게 표현한다. 질문의 대상이 어린아이일 경우는 '几岁呀? (너 몇 살이니?)'라고 묻고 대상의 나이가 화자와 비슷하거나 아래인 경우는 '多大了? (나이가 어떻게 됩니까?)'라고 물으며 연장자에게는 '多大年纪了?', 혹은 '多大岁数? (연세가 어떻게 되십니까?)'라고 묻는다.

35

 **관련단어**

나라 이름

国籍	guójí	국적
台湾	Táiwān	대만
日本	Rìběn	일본
印度	Yìndù	인도
新加坡	Xīnjiāpō	싱가포르
美国	Měiguó	미국
加拿大	Jiānádà	캐나다
英国	Yīngguó	영국
西班牙	Xībānyá	스페인
葡萄牙	Pútáoyá	포르투갈
德国	Déguó	독일
荷兰	Hélán	네덜란드
意大利	Yìdàlì	이탈리아
巴西	Bāxī	브라질

직업

职业	zhíyè	직업
社员	shèyuán	회사원
厨师	chúshī	요리사
警察	jǐngchá	경찰
农民	nóngmín	농민
公务员	gōngwùyuán	공무원
售货员	shòuhuòyuán	판매원
记者	jìzhě	기자
商人	shāngrén	상인

律师	lǜshī	변호사
演员	yǎnyuán	배우
司机	sījī	운전기사
老师	lǎoshī	선생님, 교사
会计	kuàijì	회계사
工程师	gōngchéngshī	엔지니어
编程员	biānchéngyuán	프로그래머
外交官	wàijiāoguān	외교관
导游	dǎoyóu	여행 가이드
大夫 / 医生	dàifu / yīshēng	의사
护士	hùshi	간호사
播音员	bōyīnyuán	아나운서

지명

北京	Běijīng	북경, 중국의 수도
上海	Shànghǎi	상해
天津	Tiānjīn	천진
重庆	Chòngqìng	중경
成都	Chéngdū	성도
苏州	Sūzhōu	소주 / 강소성
桂林	Guìlín	계림 / 광서장족자치구
广州	Guǎngzhōu	광주 / 광동성
香港	Xiānggǎng	홍콩
澳门	Àomén	마카오
长城	Chángchéng	장성, 만리장성
长江	Cháng Jiāng	장강
黄河	Huáng Hé	황하강
天安门	Tiān'ān Mén	천안문

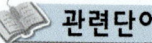

관련단어

紫禁城	Zǐjìnchéng	자금성, 고궁
颐和园	Yíhéyuán	이화원
天坛公园	Tiāntán Gōngyuán	천단공원
省	shěng	성, 행정구역 단위

가족 간의 호칭

家人	jiārén	가족
父母	fùmǔ	부모
兄弟姐妹	xiōngdì jiěmèi	형제자매
爸爸	bàba	아빠, 아버지
妈妈	māma	엄마, 어머니
爷爷	yéye	할아버지
奶奶	nǎinai	할머니
叔叔	shūshu	삼촌
姑妈	gūmā	고모
哥哥	gēge	형, 오빠
姐姐	jiějie	언니, 누나
妹妹	mèimei	여동생
弟弟	dìdi	남동생
女儿	nǚ'ér	딸
儿子	érzi	아들
太太	tàitai	아내
夫妻	fūqī	부부
老大	lǎodà	첫째 자녀
老二	lǎo'èr	둘째
双胞胎	shuāngbāotāi	쌍둥이
老幺	lǎoyāo	막내

시간과 날씨 2

1. 시간을 물을 때
2. 요일을 물을 때
3. 날짜를 물을 때
4. 시간에 관한 표현
5. 약속을 정할 때
6. 날씨 표현 ①
7. 날씨 표현 ②
8. 자연재해

chinese

제2장 1. 시간을 물을 때

A : 现在几点?
Xiànzài jǐ diǎn?
시엔짜이 지 디엔

B : 中午12点整。
Zhōngwǔ shí'èr diǎn zhěng.
쫑우 스얼디엔 정

A : 지금 몇 시입니까?
B : 12시입니다.

지금 몇 시 몇 분입니까?
现在几点几分? Xiànzài jǐ diǎn jǐ fēn?
시엔짜이 지디엔 지펀

오후 1시 반입니다.
下午一点半。 Xiàwǔ yì diǎn bàn.
시아우 이디엔 빤

곧 4시가 됩니다.
快四点了。 Kuài sì diǎn le.
콰이 쓰디엔러

새벽 5시 6분입니다.
凌晨五点零六分。 Língchén wǔ diǎn líng liù fēn.
링천 우디엔 링 리우펀

15분 전 6시.
差一刻六点。 Chà yí kè liù diǎn.
차 이커 리우디엔

시간과 날씨

4시 5분 전입니다.

差5分4点了。
Chà wǔ fēn sì diǎn le.
차 우펀 쓰디엔러

> '差 chà'는 '모자르다'의 의미로 시간을 나타낼 때는 '…분 전'을 표시한다.

8시 45분입니다.

八点三刻。
Bā diǎn sān kè.
빠디엔 싼커

> '刻 kè'는 ¼을 나타내는 말로 시간을 표현할 때 '一刻, 三刻'라고는 쓰지만 '两刻, 四刻'라고는 하지 않는다.

이 시계는 정확한가요?

这个表准吗?
Zhège biǎo zhǔn ma?
쩌거 뱌오 준 마

이 시계는 2분 빠릅니다.

这个表快两分钟。
Zhège biǎo kuài liǎng fēnzhōng.
쩌거 뱌오 콰이 량펀쭝

이 시계는 2분 느립니다.

这个表慢两分钟。
Zhège biǎo màn liǎng fēnzhōng.
쩌거 뱌오 만 량펀종

시계를 5분 빨리 해 놓았습니다.

把表调快了五分钟。
Bǎ biǎo tiáokuài le wǔ fēnzhōng.
바 뱌오 탸오콰이러 우펀종

제2장 2. 요일을 물을 때

주요표현

A : 今天星期几?
Jīntiān xīngqī jǐ?
찐티엔 씽치지

B : 今天是星期二。
Jīntiān shì Xīngqī'èr.
찐티엔 스 씽치얼

A : 오늘이 무슨 요일이지요?
B : 오늘은 화요일입니다.

월요일	화요일	수요일	목요일	금요일	토요일	일요일
星期一	星期二	星期三	星期四	星期五	星期六	星期天
Xīngqīyī	Xīngqī'èr	Xīngqīsān	Xīngqīsì	Xīngqīwǔ	Xīngqīliù	Xīngqītiān
씽치이	씽치얼	씽치싼	씽치쓰	씽치우	씽치리우	씽치티엔

오늘은 토요일입니다.

今天是礼拜五。
Jīntiān shì Lǐbàiwǔ.
찐티엔 스 리바이우

> '星期 xīngqī'와 '礼拜 lǐbài' 모두 요일을 표현하는 말이다.

내일이 바로 일요일입니다.

明天就是星期天。
Míngtiān jiù shì Xīngqītiān.
밍티엔 찌우스 씽치티엔

다음 달에 일주일간의 연휴가 있습니다.

下个月有一个星期的连休。
Xià ge yuè yǒu yí ge xīngqī de liánxiū.
시아거 위에 요우 이거 씽치더 리엔시우

시간과 날씨

지난 주 목요일에 친구를 만났습니다.
上星期四见了朋友。
Shàng Xīngqīsì jiànle péngyou.
샹 씽치쓰 찌엔러 펑요우

이번 주 금요일은 27일입니다.
这周星期五是二十七号。
Zhè zhōu Xīngqīwǔ shì èrshíqī hào.
쩌조우 씽치우 스 얼스치하오

다음 다음 주까지 반드시 끝내 주세요.
截止到下下星期一定要完成。
Jiézhǐ dào xià xià xīngqī yídìng yào wánchéng.
지에즈 따오 시아 시아씽치 이딩 야오 완청

43

제2장

3. 날짜를 물을 때

A : 今天是几月几号?
Jīntiān shì jǐ yuè jǐ hào?
찐티엔 스 지위에 지하오

B : 七月二十三号。
Qīyuè èrshísān hào.
치위에 얼스싼하오

A : 오늘은 몇 월 며칠입니까?
B : 7월 23일입니다.

1월	2월	3월	4월	5월	6월
一月	二月	三月	四月	五月	六月
Yīyuè	Èryuè	Sānyuè	Sìyuè	Wǔyuè	Liùyuè
이위에	얼위에	싼위에	쓰위에	우위에	리우위에

7월	8월	9월	10월	11월	12월
七月	八月	九月	十月	十一月	十二月
Qīyuè	Bāyuè	Jiǔyuè	Shíyuè	Shíyīyuè	Shí'èryuè
치위에	빠위에	지우위에	스위에	스이위에	스얼위에

당신의 생일은 몇 월 며칠입니까?

你的生日是几月几号?
Nǐ de shēngrì shì jǐ yuè jǐ hào?
니더 셩르 스 지위에 지하오

저의 생일은 9월 18일입니다.

我的生日是九月十八号。
Wǒ de shēngrì shì Jiǔyuè shíbā hào.
워더 셩르 스 지우위에 스빠하오

시간과 날씨

당신은 언제 졸업합니까?

你什么时候毕业?

Nǐ shénme shíhou bìyè?
니 션머 스호우 삐예

저는 후년 2월에 졸업합니다.

我后年二月毕业。

Wǒ hòunián Èryuè bìyè.
워 호우니엔 얼위에 삐예

당신은 언제 중국에 들어왔습니까?

你是什么时候到中国的?

Nǐ shì shénme shíhou dào Zhōngguó de?
니 스 션머 스호우 따오 쭝궈더

저는 지난 달 9일에 들어왔어요.

我是上月九号到中国的。

Wǒ shì shàng yuè jiǔ hào dào Zhōngguó de.
워 스 샹위에 지우하오 따오 쭝궈더

여름휴가는 언제부터입니까?

从哪天开始放暑假?

Cóng nǎ tiān kāishǐ fàng shǔjià?
총 나티엔 카이스 팡 슈지아

29일부터 여름휴가가 시작됩니다.

从二十九号开始放暑假。

Cóng èrshíjiǔ hào kāishǐ fàng shǔjià.
총 얼스지우하오 카이스 팡 슈지아

제2장 4. 시간에 관한 표현

주요표현

A : 到学校需要多长时间?
Dào xuéxiào xūyào duōcháng shíjiān?
따오 쉬에샤오 쉬야오 뚜오창 스지엔

B : 走着大约需要10分钟。
Zǒuzhe dàyuē xūyào shí fēnzhōng.
조우저 따위에 쉬야오 스펀종

A : 학교까지 어느 정도 걸립니까?
B : 대략 걸어서 10분 걸립니다.

회사까지 멉니까?

离公司远吗? Lí gōngsī yuǎn ma?

리 꽁쓰 위엔 마

지하철로 40분 걸립니다.

坐地铁需要四十分钟。 Zuò dìtiě xūyào sìshí fēnzhōng.

쭈오 띠티에 쉬야오 쓰스펀종

몇 시에 회사에 도착할 수 있습니까?

几点能到公司呢? Jǐ diǎn néng dào gōngsī ne?

지디엔 넝 따오 꽁쓰 너

당신은 몇 시에 일어나세요?

你每天几点起床? Nǐ měitiān jǐ diǎn qǐchuáng?

니 메이티엔 지디엔 치추앙

저는 아침 7시에 일어납니다.

我早上七点起床。 Wǒ zǎoshang qī diǎn qǐchuáng.

워 자오샹 치디엔 치추앙

시간과 날씨

손 양은 매일 언제 집을 나오세요?

孙小姐每天什么时候从家出来？

Sūn xiǎojiě měitiān shénme shíhou cóng jiā chūlái?
쑨 샤오지에 메이티엔 선머 스호우 총 지아 추라이

6시 반 정도에 집을 나옵니다.

六点半左右从家出来。

Liù diǎn bàn zuǒyòu cóng jiā chūlái.
리우디엔 빤 주오요우 총 지아 추라이

어제 몇 시에 주무셨어요?

你昨天几点睡的?

Nǐ zuótiān jǐ diǎn shuì de?
니 주오티엔 지디엔 쉐이더

저는 어제 밤 10시에 잠자리에 들었습니다.

我昨天晚上十点睡觉的。

Wǒ zuótiān wǎnshang shí diǎn shuìjiào de.
워 주오티엔 완샹 스디엔 쉐이자오더

몇 시부터 몇 시까지 근무하십니까?

工作时间是从几点到几点?

Gōngzuò shíjiān shì cóng jǐ diǎn dào jǐ diǎn?
꽁쭈오 스지엔 스 총 지디엔 따오 지디엔

근무는 9시에 시작되어 6시 30분에 끝납니다.

工作从九点开始到六点半结束。

Gōngzuò cóng jiǔ diǎn kāishǐ dào liù diǎn bàn jiéshù.
꽁쭈오 총 지우디엔 카이스 따오 리우디엔빤 지에슈

제2장 5. 약속을 정할 때

주요표현

A : 约定是几点?
Yuēdìng shì jǐ diǎn?
위에딩 스 지디엔

B : 两点钟。
Liǎng diǎnzhōng.
량디엔종

A : 약속이 몇 시예요?
B : 2시요.

우리 언제 만날까요?

我们什么时候见面呢?
Wǒmen shénme shíhou jiànmiàn ne?
워먼 선머 스호우 찌엔미엔 너

내일 오후 4시에 광장의 시계탑 앞에서 만나요.

明天下午四点,在广场的钟塔前边见吧。
Míngtiān xiàwǔ sì diǎn, zài guǎngchǎng de zhōngtǎ qiánbian jiàn ba.
밍티엔 시아우 쓰디엔 짜이 꽝창더 종타 치엔비엔 찌엔 바

미안합니다. 30분 정도 늦을 것 같습니다.

对不起,我可能迟到三十分钟左右。
duìbuqǐ, wǒ kěnéng chídào sānshí fēnzhōng zuǒyòu.
뚜이부치 워 커넝 츠따오 싼스펀종 주오요우

다음 모임 시간은 다다음 주 수요일 저녁 7시입니다.

下次聚会时间是下下个星期三,晚上七点。
Xià cì jùhuì shíjiān shì xià xià ge Xīngqīsān, wǎnshang qī diǎn.
시아츠 쮜훼이 스지엔 스 시아시아거 씽치싼 완샹 치디엔

시간과 날씨

내일 아침의 약속을 잊지 마세요.

千万不要忘记, 明天早上的约会。

Qiānwàn búyào wàngjì, míngtiān zǎoshang de yuēhuì.

치엔완 부야오 왕지 밍티엔 자오샹더 위에훼이

우리 1시, 3회 영화를 봅시다.

我们看下午一点, 第三场的电影吧。

Wǒmen kàn xiàwǔ yī diǎn, dì sān chǎng de diànyǐng ba.

워먼 칸 시아우 이디엔 띠 싼창더 띠엔잉 바

6시 영화표 2장 주세요.

我买两张, 六点的票。

Wǒ mǎi liǎng zhāng, liù diǎn de piào.

워 마이 량 장 리우디엔더 퍄오

제2장 6. 날씨 표현 ①

> A : 今天天气怎么样?
> Jīntiān tiānqì zěnmeyàng?
> 찐티엔 티엔치 쩐머양
>
> B : 今天天气很好。
> Jīntiān tiānqì hěn hǎo.
> 찐티엔 티엔치 헌 하오
>
> A : 오늘 날씨가 어때요?
> B : 오늘은 날씨가 무척 좋습니다.

오늘은 맑은 날입니다.

今天晴天。 Jīntiān qíngtiān.
찐티엔 칭티엔

하늘에 구름 한 점 없습니다.

天空万里无云。 Tiānkōng wànlǐ wú yún.
티엔콩 완리 우 윈

오늘은 흐립니다.

今天多云。 Jīntiān duō yún.
찐티엔 뚜오 윈

어제 날씨도 좋았지요.

昨天天气也好。 Zuótiān tiānqì yě hǎo.
주어티엔 티엔치 예 하오

오늘이 어제보다 따뜻해요.

今天比昨天暖和些。 Jīntiān bǐ zuótiān nuǎnhuo xiē.
찐티엔 비 주오티엔 누안훠시에

시간과 날씨

오늘 춥지 않습니까?

今天不冷吗?
Jīntiān bù lěng ma?
찐티엔 뿌 렁 마

춥지 않습니다. 오히려 조금 덥습니다.

不冷, 反而有点闷热。
Bù lěng, fǎn'ér yǒudiǎn mēnrè.
뿌 렁 판얼 요우디엔 먼러

오늘 아침은 흐렸습니다.

今天早晨多云。
Jīntiān zǎochén duō yún.
찐티엔 자오천 뚜오 윈

오늘은 맑은 뒤 흐립니다.

今天晴转多云。
Jīntiān qíng zhuǎn duō yún.
찐티엔 칭 주안 뚜오 윈

바람 세기 예보

중국 일기예보에서 특이한 점은 바람의 세기를 일기예보에서 자주 알려준다는 점이다. 물론 우리 나라도 바람이 심한 날에는 이와 관련하여 예보를 하기도 하지만 중국은 바람의 유무를 바람의 등급으로 나타내어 알려 주는 것이 일상화되어 있다. 이는 황사 등 바람이 일상생활에 영향을 많이 미치는 중국적인 특징이라고 할 수 있다.

제2장 7. 날씨 표현 ②

A : 明天还下雨吗?
Míngtiān hái xià yǔ ma?
밍티엔 하이 시아위 마

B : 据天气预报说, 明天还要下雨。
Jù tiānqì yùbào shuō, míngtiān hái yào xià yǔ.
쥐 티엔치위빠오 슈오 밍티엔 하이야오 시아위

A : 내일도 비가 옵니까?
B : 일기예보에 의하면 내일도 비가 온다고 합니다.

비가 아직도 내리고 있습니까?
雨还在下吗? Yǔ hái zài xià ma?
위 하이짜이 시아 마

> 下雾 xià wù : 안개가 끼다
> 刮风 guā fēng : 바람이 불다

한창 비가 내리고 있습니다.
正下着雨呢。 Zhèng xiàzhe yǔ ne.
쩡 시아저 위 너

지금 내리는 것은 소나기이지요?
现在下的是阵雨吧? Xiànzài xià de shì zhènyǔ ba?
씨엔짜이 시아더 스 쩐위 바

내일은 눈이 온다고 들었습니다.
听说明天下雪。 Tīngshuō míngtiān xià xuě.
팅슈오 밍티엔 시아쉬에

오늘은 눈오는 날입니다.
今天是下雪天。 Jīntiān shì xiàxuětiān.
찐티엔 스 시아쉬에티엔

시간과 날씨

밖에 함박눈이 내립니다.

外面正下着鹅毛大雪。
Wàimiàn zhèng xiàzhe émáo dàxuě.
와이미엔 쩡 시아저 어마오따쉬에

습도가 너무 높습니다.

湿度太高。
Shīdù tài gāo.
스뚜 타이 까오

날이 너무 건조합니다.

天气很干燥。
Tiānqì hěn gānzào.
티엔치 헌 깐자오

지금은 기온이 영하 5도입니다.

现在气温零下5度。
Xiànzài qìwēn língxià wǔ dù.
씨엔짜이 치원 링시아 우뚜

제2장 8. 자연재해

A : 你听了天气预报吗?
Nǐ tīngle tiānqì yùbào ma?
니 팅러 티엔치위빠오 마

B : 预报说,明天有台风。
Yùbào shuō, míngtiān yǒu táifēng.
위빠오 슈오 밍티엔 요우 타이펑

A : 일기예보를 들었습니까?
B : 일기예보에서 내일 태풍이 있다고 합니다.

지금 밖에는 회오리바람이 붑니다.

现在外面刮旋风。
Xiànzài wàimiàn guā xuànfēng.
시엔짜이 와이미엔 꽈 쉬엔펑

바람이 무척 세게 붑니다.

风刮得很大。
Fēng guā de hěn dà.
펑 꽈더 헌 따

지금 밖에는 천둥 번개가 칩니다.

现在外面又打雷又闪电。
Xiànzài wàimiàn yòu dǎléi yòu shǎndiàn.
씨엔짜이 와이미엔 요우 다레이 요우 샨띠엔

이 지역은 겨울에 자주 냉해 피해를 입습니다.

这个地方冬天时经常遭到霜冻的灾害。
Zhège dìfang dōngtiān shí jīngcháng zāodào shuāngdòng de zāihài.
쩌거 띠팡 똥티엔스 찡창 자오따오 슈앙똥더 짜이하이

시간과 날씨

하늘이 밤처럼 어두워졌습니다.

天变得跟晚上一样。

Tiān biànde gēn wǎnshang yíyàng.

티엔 삐엔더 껀 완샹 이양

밖에는 눈보라가 휘몰아칩니다.

外面正风雪交加。

Wàimiàn zhèng fēngxuě - jiāojiā.

와이미엔 쩡 펑쉬에 쟈오지아

이렇게 안개가 심하면 나가기 불편합니다.

下这么大的雾，出去不方便。

Xià zhème dà de wù, chūqù bù fāngbiàn.

시아 쩌머 따더 우 추취 뿌 팡비엔

저는 너무 더워서 곧 더위를 먹을 것 같습니다.

天气太热，我热得快中暑了。

Tiānqì tài rè, wǒ rè de kuài zhòngshǔ le.

티엔치 타이 러 워 러더 콰이 쫑슈러

 **관련단어**

중국어 숫자 읽기

零	líng	0, 영
一	yī	1, 하나
二	èr	2, 둘
三	sān	3, 셋
四	sì	4, 넷
五	wǔ	5, 다섯
六	liù	6, 여섯
七	qī	7, 일곱
八	bā	8, 여덟
九	jiǔ	9, 아홉
十	shí	10, 열
百	bǎi	100, 백
千	qiān	1000, 천
万	wàn	10000, 만
亿	yì	억
兆	zhào	조

시간 · 나이

点	diǎn	시, 시간
分	fēn	분
秒	miǎo	초
半	bàn	반, 30분
刻	kè	15분, ¼
年龄	niánlíng	연령, 나이
岁	suì	…세, …살

날짜 · 요일

天	tiān	날
号	hào	일 (구어체에 많이 쓰임)
月	yuè	월
年	nián	년
礼拜	lǐbài	요일 (보통 '星期'를 많이 씀)
阳历	yánglì	양력
阴历	yīnlì	음력
星期一	Xīngqīyī	월요일
星期二	Xīngqī'èr	화요일
星期三	Xīngqīsān	수요일
星期四	Xīngqīsì	목요일
星期五	Xīngqīwǔ	금요일
星期六	Xīngqīliù	토요일
星期天(日)	Xīngqītiān(rì)	일요일

하루의 때를 나타내는 말

早晨	zǎochén	새벽
早上	zǎoshang	아침
上午	shàngwǔ	오전
中午	zhōngwǔ	정오
下午	xiàwǔ	오후
傍晚	bàngwǎn	저녁 무렵
晚上	wǎnshang	저녁
天黑	tiānhēi	해질녘, 해거름
夜里	yèli	밤
深夜	shēnyè	깊은 밤

날씨·기상

天气预报	tiānqì yùbào	일기예보
四季	sìjì	4계절
春天	chūntiān	봄
夏天	xiàtiān	여름
秋天	qiūtiān	가을
冬天	dōngtiān	겨울
暖和	nuǎnhuo	따뜻하다
热	rè	덥다
闷热	mēnrè	무덥다
凉快	liángkuai	선선하다
冷	lěng	춥다
干燥	gānzào	건조하다
太阳	tàiyáng	태양
月亮	yuèliang	달
星星	xīngxing	별
云	yún	구름
风	fēng	바람
雨	yǔ	비
雪	xuě	눈
彩虹	cǎihóng	무지개
下雨	xià yǔ	비가 내리다
下雪	xià xuě	눈이 내리다
刮风	guā fēng	바람이 불다
天晴	tiān qíng	날이 개다
多云	duō yún	구름이 많이 끼다
晴转多云	qíng zhuǎn duō yún	맑은 뒤 흐리다

의견 · 감정 · 관심

1. 긍정의 표현(동의 · 맞장구)
2. 부정의 표현
3. 기쁠 때
4. 기분이 좋지 않을 때
5. 화나거나 놀랐을 때
6. 실망 · 불만일 때
7. 칭찬하고 격려할 때
8. 사과할 때
9. 허락을 구할 때
10. 제안 · 요청
11. 거절할 때
12. 의견을 구할 때
13. 위로할 때
14. 도움을 줄 때
15. 외모에 대한 표현
16. 성격에 대한 표현

제3장 1. 긍정의 표현(동의·맞장구)

주요표현

A : 他是个很差的歌星。
Tā shì ge hěn chà de gēxīng.
타 스거 헌 차더 꺼씽

B : 我也那么想。
Wǒ yě nàme xiǎng.
워 예 나머 시앙

A : 그는 형편없는 가수예요.
B : 저도 그렇게 생각합니다.

그렇습니다.

是啊。 Shì a.
스 아

> '对 duì'와 함께 긍정적인 대답을 할 때 많이 쓴다.

누가 아니랍니까.

可不是。/ 谁说不是。 Kě bú shì. / Shéi shuō bú shì.
커 부 스 / 셰이 슈오 부 스

저는 동감입니다.

我有同感。 Wǒ yǒu tónggǎn.
워 요우 퉁간

당신 말이 맞습니다.

你说的对。 Nǐ shuō de duì.
니 슈오더 뚜에이

그것도 일리가 있습니다.

那也有道理。 Nà yě yǒu dàolǐ.
나 예 요우 따오리

의견 · 감정 · 관심

그것은 당연합니다.

那是当然的。
Nà shì dāngrán de.
나 스 땅란더

저도 동의합니다.

我也同意了。
Wǒ yě tóngyì le.
워 예 퉁이러

아, 원래 그렇군요.

哦，原来如此。
Ò, yuánlái rúcǐ.
오 위엔라이 루츠

제3장 2. 부정의 표현

주요표현

A : 中文是好学的语言。
Zhōngwén shì hǎo xué de yǔyán.
쭝원 스 하오쉐에더 위엔

B : 你说什么?
Nǐ shuō shénme?
니 슈오 션머

A : 중국어는 배우기 쉬운 언어예요.
B : 그게 무슨 말입니까?

저는 당신 의견에 동의하지 않습니다.

我不同意你的意见。 Wǒ bù tóngyì nǐ de yìjiàn.
워 뿌 통이 니더 이지엔

당신 말은 일리가 없습니다.

你说得没有道理。 Nǐ shuō de méiyǒu dàolǐ.
니 슈오더 메이요우 따오리

농담하지 마세요.

不要开玩笑。 Búyào kāi wánxiào.
부야오 카이완샤오

아닙니다.

不是。 Bú shì.
부스

저는 믿을 수 없군요.

我不敢相信。 Wǒ bù gǎn xiāngxìn.
워 뿌간 시앙씬

의견 · 감정 · 관심

저는 당신 말이 옳은지 잘 모르겠습니다.

我不太清楚你说得对不对。
Wǒ bú tài qīngchu nǐ shuō de duì bu duì.
워 부타이 칭추 니 슈오더 뚜에이부뚜에이

누가 그렇게 말합니까?

谁那样说。
Shéi nàyàng shuō.
셰이 나양 슈오

당신 말은 틀렸습니다.

你说得不对。
Nǐ shuō de bú duì.
니 슈오더 부뚜에이

> 긍정의 표현은 '你说得对。Nǐ shuō de duì. 네 말이 맞다.'

무슨 말을 하는 겁니까!

你说到哪儿去了!
Nǐ shuōdào nǎr qù le!
니 슈오따오 날 취러

제3장 3. 기쁠 때

> A : **我考上了!**
> Wǒ kǎoshàng le!
> 워 카오샹러
>
> B : **太好了!**
> Tài hǎo le!
> 타이 하오러
>
> A : 저 시험에 붙었어요!
> B : 정말 잘되었군요!

저는 오늘 매우 기쁩니다.
我今天很高兴。
Wǒ jīntiān hěn gāoxìng.
워 찐티엔 헌 까오싱

정말 너무 기쁩니다.
真是太高兴了。
Zhēnshi tài gāoxìng le.
쩐스 타이 까오싱러

정말 대단해요. 축하합니다.
太棒了, 祝贺你!
Tài bàng le, zhùhè nǐ!
타이 빵러 쭈허니

이것은 정말 좋은 소식입니다.
这真是好消息。
Zhè zhēn shì hǎo xiāoxi.
쩌 쩐스 하오 샤오시

의견 · 감정 · 관심

대단합니다. 저는 매우 기뻐요.

了不起，我很高兴。
Liǎobuqǐ, wǒ hěn gāoxìng.
랴오부치 워 헌 까오싱

저는 기뻐서 잠도 잘 못 잤습니다.

我高兴得连觉都没睡好。
Wǒ gāoxìng de lián jiào dōu méi shuìhǎo.
워 까오싱더 리엔쟈오 또우 메이쉐이 하오

그는 기뻐서 입을 다물지 못했습니다.

他高兴得连嘴都合不上。
Tā gāoxìng de lián zuǐ dōu hé bu shàng.
타 까오싱더 리엔쭈에이 또우 허부샹

저는 그녀가 아이를 낳는다는 소식에 기쁩니다.

我听到她生孩子而高兴。
Wǒ tīngdào tā shēng háizi ér gāoxìng.
워 팅따오 타 성하이즈 얼 까오싱

65

제3장 4. 기분이 좋지 않을 때

A : 你怎么了?
Nǐ zěnme le?
니 쩐머러

B : 我心情不好。
Wǒ xīnqíng bù hǎo.
워 신칭 뿌하오

A : 왜 그러세요?
B : 기분이 좋지 안습니다.

저는 보고 싶지 않습니다.

我不想看。
Wǒ bù xiǎng kàn.
워 뿌시앙칸

저는 다른 사람과 함께 있기 싫습니다.

我不想和别人在一起。
Wǒ bù xiǎng hé biérén zài yìqǐ.
워 뿌시앙 허 비에런 짜이이치

제 마음이 답답합니다.

我心里很郁闷。
Wǒ xīnlǐ hěn yùmèn.
워 씬리 헌 위먼

지금 그를 언급하지 마세요. 기분이 나쁩니다.

现在不要提他, 不高兴。
Xiànzài búyào tí tā, bù gāoxìng.
씨엔짜이 부야오 티타 뿌까오싱

의견 · 감정 · 관심

제 마음은 지금 쓸쓸합니다.

我的心情现在很凉。
Wǒ de xīnqíng xiànzài hěn liáng.
워더 씬칭 씨엔짜이 헌 량

저는 지금 그와 만나고 싶지 않습니다.

我现在不愿意和他接触。
Wǒ xiànzài bú yuànyì hé tā jiēchù.
워 씨엔짜이 부 위엔이 허타 지에추

가장 좋은 것은 그를 잊는 겁니다.

最好把他忘掉。
Zuì hǎo bǎ tā wàngdiào.
쭈에이 하오 바 타 왕댜오

말하지 마세요. 저는 아무 것도 듣고싶지 않아요.

你不要讲话，我什么都不想听。
Nǐ búyào jiǎnghuà, wǒ shénme dōu bù xiǎng tīng.
니 부야오 지앙화 워 션머 또우 뿌시앙 팅

제3장 5. 화나거나 놀랐을 때

> A : 啊, 糟糕!
> À, zāogāo!
> 아 자오까오
>
> B : 怎么了?
> Zěnme le?
> 쩐머러
>
> A : 아, 큰일났다!
> B : 왜 그러는데요?

화나 죽겠습니다.
气死我了。 Qìsǐ wǒ le.
치쓰워러

저는 지금 아주 화가 났습니다.
我现在很生气。 Wǒ xiànzài hěn shēngqì.
워 시엔짜이 헌 셩치

정말 싫어요. / 정말 미워요.
真讨厌。 Zhēn tǎoyàn.
쩐 타오옌

> 연인 사이에서는 애교 섞인 투정을 부릴 때 쓰기도 한다.

정말 난감하다 / 정말 재수 없다.
真倒霉。 Zhēn dǎoméi.
쩐다오메이

깜짝 놀랐어요.
吓死人了。 Xiàsǐ rén le.
시아쓰런러

68

의견 · 감정 · 관심

정말 생각지 못했습니다.
真没想到。
Zhēn méi xiǎngdào.
쩐 메이 시앙따오

화내지 마세요.
别生气。
Bié shēngqì.
비에 셩치

하느님 맙소사.
天啊！
Tiān a
티엔나

당신 말이 정말입니까?
你说真的吗?
Nǐ shuō zhēnde ma?
니 슈오 쩐더 마

'…해 죽겠다.'는 어떤 상태에 있음을 강하게 표현하는 말이다. 중국어에도 이와 같은 표현이 있는데 '…死(我)了. …sǐ (wǒ) le.'라고 말한다. 이 말의 용법은 우리말의 '…해 죽겠다.'와 거의 같다.

饿死了. Èsǐ le.   배고파 죽겠다.

气死我了. Qìsǐ wǒ le. 화나 죽겠다.

제3장 6. 실망·불만일 때

주요표현

A : 你觉得这部电影怎么样?
Nǐ juéde zhè bù diànyǐng zěnmeyàng?
니 쥐에더 쩌 뿌 띠엔잉 쩐머양

B : 我好失望。
Wǒ hǎo shīwàng.
워 하오 스왕

A : 당신이 보기에 이 영화는 어떻습니까?
B : 저는 아주 실망이예요.

정말 실망스럽다.

真令人失望。 Zhēn lìng rén shīwàng
쩐 링런 스왕

> '令 lìng'은 '…하게 하다'의 사역의 의미

매우 유감이다.

很遗憾。 Hěn yíhàn.
헌 이한

정말 애석하다.

太可惜了。 Tài kěxī le.
타이 커시러

나는 만족스럽지 않습니다.

我觉得不满意。 Wǒ juéde bù mǎnyì.
워 쥐에더 뿌만이

저는 정말로 불만입니다.

我确实不满。 Wǒ quèshí bùmǎn.
워 취에스 뿌만

의견·감정·관심

그는 정말 나를 실망시켰다.

他真的令我感到失望。
Tā zhēnde lìng wǒ gǎndào shīwàng.
타 쩐더 링워 간따오 스왕

당신은 왜 혼자서 고집합니까?

为什么你自做主张?
Wèishénme nǐ zì zuò zhǔzhāng?
웨이션머 니 쯔쭈오 주장

저는 당신에게 주의하라고 경고하는 겁니다.

我警告你注意。
Wǒ jǐnggào nǐ zhùyì.
워 징까오 니 쭈이

당신은 이미 담배를 끊었다고 하지 않았습니까?

你不是说,你已经戒烟了吗?
Nǐ bú shì shuō, nǐ yǐjing jièyānle ma?
니 부스 슈오 니 이징 지에옌러 마

제3장 7. 칭찬하고 격려할 때

주요표현

A : 要是不快点,恐怕不能按时完成。
Yàoshi bú kuài diǎn, kǒngpà bù néng ànshí wánchéng.
야오스 부 콰이디엔, 콩파 뿌넝 안스 완청

B : 加油吧!
Jiāyóu ba!
지아요우 바

A : 서두르지 않으면 시간에 완성할 수 없을 것입니다.
B : 힘내세요!

정말 대단하군요.

真了不起。 Zhēn liǎobuqǐ.
쩐 랴오부치

> 아주 좋다 : 很好 hěn hǎo

훌륭하네요.

真棒。 Zhēn bàng.
쩐 빵

> 상대방의 말에 동의하는 긍정의 의미로도 쓸 수 있다.

과연. / 어쩐지.

果然。/ 难怪。 Guǒrán. / Nánguài
궈란 / 난과이

나는 매우 만족합니다.

我很满意。 Wǒ hěn mǎnyì.
워 헌 만이

용기를 내.

鼓起勇气吧! Gǔqǐ yǒngqì ba!
구치 용치 바

의견 · 감정 · 관심

실망하지 마.

别失望。 Bié shīwàng.

비에 스왕

힘껏 해 보자.

竭尽全力吧。 Jiéjìn quánlì ba.

지에찐 취엔리 바

수고하셨습니다.

辛苦了。 Xīnkǔ le.

씬쿠러

수고롭지 않습니다.

不辛苦。 Bù xīnkǔ.

뿌씬쿠

별말씀을요.

哪里哪里。 Nǎli nǎli.

나리 나리

무슨 말씀이세요.

哪儿的话。 Nǎr de huà.

날더 화

이 일은 당신의 도움 덕택입니다.

这件事，多亏你帮助。
Zhè jiàn shì, duōkuī nǐ bāngzhù.
쩌지엔스 뚜오퀘이 니 빵주

제3장 8. 사과할 때

주요표현

A : 张大伟, 这是怎么回事?
Zhāng Dàwěi, zhè shì zěnme huí shì?
쨩따웨이 쩌 스 쩐머 훼이스

B : 对不起, 我睡懒觉了。
Duìbuqǐ, wǒ shuìlǎn jiào le.
뚜이부치 워 쉐이 란자오러

A : 장대위 씨, 이게 어떻게 된 거에요?
B : 죄송합니다, 제가 늦잠을 잤어요.

죄송합니다.

很抱歉。 Hěn bàoqiàn.
헌빠오치엔

저를 용서해 주세요.

请原谅我。
Qǐng yuánliàng wǒ.
칭 위엔량 워

미안합니다. 제가 늦었습니다.

对不起, 我来晚了。
Duìbuqǐ, wǒ láiwǎn le.
뚜이부치 워 라이 완러

> '对不起'는 가장 기본적이고 많이 쓰는 사과의 표현이다.

제가 주의하지 못했습니다. 죄송합니다.

我没注意, 对不起。
Wǒ méi zhùyì, duìbuqǐ.
워 메이 쭈이 뚜이부치

의견 · 감정 · 관심

제가 그들을 대신해서 사과드립니다.

我代表他们，向您道歉。

Wǒ dàibiǎo tāmen, xiàng nín dàoqiàn.
워 따이뱌오 타먼 시앙 닌 따오치엔

괜찮습니다.

没关系。／没事儿。

Méi guānxi. / Méi shìr
메이꾸안씨 / 메이 셜

> '상관 없다, 일 없다'로 직역되지만 사과를 받아들이는 어감이 강하다.

이것은 사과로 해결될 일이 아닙니다.

这不是道歉能解决的。

Zhè bú shì dàoqiàn néng jiějué de.
쩌 부스 따오치엔 넝 지에쥐에더

저는 당신을 용서할 수 없습니다.

我不会原谅你的。

Wǒ bú huì yuánliàng nǐ de.
워 부훼이 위엔량 니더

75

제3장 9. 허락을 구할 때

주요표현

A : 我可以在这儿抽烟吗?
　　Wǒ kěyǐ zài zhèr chōuyān ma?
　　워 커이 짜이 쩔 초우옌 마

B : 无所谓, 你抽吧。
　　Wúsuǒwèi, nǐ chōu ba.
　　우쑤오웨이 니 초우 바

　　A : 여기에서 담배를 피워도 됩니까?
　　B : 상관 없습니다. 피우세요.

히터를 켜도 됩니까?
我可不可以开暖气。
Wǒ kě bu kěyǐ kāi nuǎnqì.
워 커부커이 카이 누안치

> '可不可以…' 형식의 의문문은 '可以…吗?' 형식으로 바꿔 사용할 수 있다.

에어컨을 꺼도 될까요?
我可以关空调吗?
Wǒ kěyǐ guān kōngtiáo ma?
워 커이 꾸안 콩탸오 마

여기에 차를 세워도 됩니까?
在这里可以停车吗?
Zài zhèli kěyǐ tíngchē ma?
짜이 쩌리 커이 팅처 마

제가 참가해도 될까요?
我可以参加吗?
Wǒ kěyǐ cānjiā ma?
워 커이 찬지아 마

76

의견 · 감정 · 관심

죄송하지만 도와주실 수 있나요?

对不起, 您能帮个忙吗?
Duìquqǐ, nín néng bāng ge máng ma?
뚜에이부치 닌 넝 빵거망 마

제가 전화를 좀 써도 될까요?

我可以用一下你的电话吗?
Wǒ kěyǐ yòng yíxià nǐ de diànhuà ma?
워 커이 용이시아 니더 띠엔화 마

마음대로 하세요.

你随便吧。
Nǐ suíbiàn ba.
니 쒜이비엔 바

미안하지만 안 됩니다.

对不起, 不行。
Duìquqǐ, bù xíng.
뚜에이부치 뿌씽

77

제3장 10. 제안·요청

주요표현

A : 李小姐,今晚有时间吗?
Lǐ xiǎojiě, jīnwǎn yǒu shíjiān ma?
리 샤오지에 찐완 요우 스지엔 마

B : 有。有什么事?
Yǒu. Yǒu shénme shì?
요우 요우 션머 스

A : 이 양, 오늘 저녁에 시간 있어요?
B : 있어요. 무슨 일이세요?

탁구 치러 갑시다.

去打乒乓球吧。 Qù dǎ pīngpāngqiú ba.

취 다 핑팡치우 바

천단공원에 가는 게 어때요?

去天坛公园怎么样? Qù Tiāntán Gōngyuán zěnmeyàng?

취 티엔탄꽁위엔 쩐머양

> 상대에게 제의를 할 때는 제의, 청유의 어기를 나타내는 조사 '吧'를 주로 사용한다.

좋아요, 거기에 갑시다.

好,去那儿吧。 Hǎo, qù nàr ba.

하오 취 날 바

한번 만나고 싶습니다.

想见一次面。 Xiǎng jiàn yí cì miàn.

시앙 찌엔 이츠 미엔

당신 저의 친구가 되어 주시겠어요?

你能做我的朋友吗? Nǐ néng zuò wǒ de péngyou ma?

니 넝 쭈오 워더 펑요우 마

의견 · 감정 · 관심

당신께 의논드리고 싶은 일이 있습니다.

有件事要跟您商量。 Yǒu jiàn shì yào gēn nín shāngliang.

요우지엔스 야오 껀 닌 샹량

함께 영화 보러 가지 않을래요?

一起去看电影好不好? Yìqǐ qù kàn diànyǐng hǎo bu hǎo?

이치 취 칸 띠엔잉 하오부하오

나와 함께 커피숍에 갑시다.

跟我一起去咖啡厅吧。 Gēn wǒ yìqǐ qù kāfēitīng ba.

껀 워 이치 취 카페이팅 바

몇 시로 정하면 좋을까요?

定几点好呢? Dìng jǐ diǎn hǎo ne?

띵 지디엔 하오 너

2시 정도에 만나는 것이 어때요?

两点左右见面怎么样?

Liǎng diǎn zuǒyòu jiànmiàn zěnmeyàng?

량디엔 주오요우 찌엔미엔 쩐머양

그러면 우리 어디로 갈까요?

那么, 我们去什么地方?

Nàme, wǒmen qù shénme dìfang?

나머 워먼 취 션머 띠팡

만약에 비가 오면, 약속을 취소합니다.

如果下雨的话, 就取消约会。

Rúguǒ xià yǔ dehuà, jiù qǔxiāo yuēhuì.

루궈 시아위더 화 찌우 취샤오 위에훼이

제3장 11. 거절할 때

A : 如果没有约会, 跟我一起去可以吗?
Rúguǒ méiyǒu yuēhuì, gēn wǒ yìqǐ qù kěyǐ ma?
루궈 메이요우 위에훼이 껀 워 이치 취 커이 마

B : 对不起, 现在我有事。
Duìbuqǐ, xiànzài wǒ yǒu shì.
뚜이부치 씨엔짜이 워 요우스

A : 만일 약속이 없다면 저와 함께 가시겠습니까?
B : 미안해요, 저는 지금 일이 있습니다.

미안하지만 안 됩니다.

对不起, 不行。
Duìbuqǐ, bù xíng.
뚜이부치 뿌싱

당연히 안 됩니다.

当然不可以。
Dāngrán bù kěyǐ.
땅란 뿌커이

저는 아직 모르겠습니다.

我还不知道。
Wǒ hái bù zhīdao.
워 하이 뿌즈다오

마음대로 처리하지 마세요.

请你不要随便处理。
Qǐng nǐ búyào suíbiàn chǔlǐ.
칭니 부야오 쒜이비엔 추리

의견 · 감정 · 관심

저는 동의하지 않습니다.

我不同意。

Wǒ bù tóngyì.

워 뿌 통이

제가 생각을 하게 해 주세요.

请让我考虑。

Qǐng ràng wǒ kǎolǜ.

칭 랑워 카오뤼

내일 다시 답을 드리겠습니다.

明天再答复。

Míngtiān zài dáfù.

밍티엔 짜이 다푸

저는 잘 알지 못해서 답을 드릴 수 없네요.

我不太清楚,不能答复。

Wǒ bú tài qīngchu, bù néng dáfù.

워 부타이 칭추 뿌넝 다푸

제3장 12. 의견을 구할 때

주요표현

A : 你觉得你新的工作怎么样?
Nǐ juéde nǐ xīn de gōngzuò zěnmeyàng?
니 쥐에더 니 씬더 꽁쭈오 쩐머양

B : 很不错。
Hěn búcuò.
헌 부추오

A : 당신의 새로운 직업은 어떤가요?
B : 아주 좋아요.

당신은 이것에 대해 어떤 생각을 갖고 있습니까?

你对这个有什么想法。
Nǐ duì zhège yǒu shénme xiǎngfǎ.
니 뚜에이 쩌거 요우 션머 시앙파

당신이 보기엔 어떻습니까?

你看怎么样?
Nǐ kàn zěnmeyàng?
니 칸 쩐머양

당신의 의견은 어떤가요?

你的意见怎么样?
Nǐ de yìjiàn zěnmeyàng?
니더 이지엔 쩐머양

당신은 어떻게 여기세요?

你怎么认为?
Nǐ zěnme rènwéi?
니 쩐머 런웨이

의견 · 감정 · 관심

당신 생각은요?

你的想法呢?
Nǐ de xiǎngfǎ ne?
니더 시앙파 너

다른 의견이 있습니까?

还有别的意见吗?
Hái yǒu bié de yìjiàn ma?
하이요우 비에더 이지엔 마

제가 뭐 하나 여쭤어봐도 될까요?

我可以请教一个问题吗?
Wǒ kěyǐ qǐngjiào yí ge wèntí ma?
워 커이 칭쟈오 이거 원티 마

저는 당신 의견을 듣고 싶습니다.

我想听听你的意见。
Wǒ xiǎng tīngting nǐ de yìjiàn.
워 시앙 팅팅 니더 이지엔

상대의 의견을 물어 보는 가장 대표적인 표현은 '…怎么样?'이다. 이 말은 '…은 어떤가?'의 의미이며 '…如何?'로 바꿔 표현할 수 있다. '당신 생각에 …는 어떠한가?'라고 물으려면 '你觉得…怎么样?'이라고 하면 된다.

제3장 13. 위로할 때

> A : 我很担心。
> Wǒ hěn dānxīn.
> 워 헌 딴씬
>
> B : 不用担心, 没问题。
> Búyòng dānxīn, méi wèntí.
> 부용 딴씬 메이 원티
>
> A : 저는 매우 걱정됩니다.
> B : 걱정하지 마세요. 문제 없습니다.

마음 놓으세요.
可以放心。 Kěyǐ fàngxīn.
커이 팡씬

문제 없을 겁니다.
不会有问题的。 Bú huì yǒu wèntí de.
부훼이 요우 원티더

당신의 안색이 안 좋군요.
你的气色不太好啊。 Nǐ de qìsè bú tài hǎo a.
니더 치써 부타이 하오 아

몸은 어떠세요?
身体怎么样? Shēntǐ zěnmeyàng?
선티 쩐머양

몸조심하세요.
请多保重。 Qǐng duō bǎozhòng.
칭 뚜오 바오쫑

의견 · 감정 · 관심

그래요? 지금은 어떠세요?

是吗？现在怎么样？

Shì ma? xiànzài zěnmeyàng?

스마 씨엔짜이 쩐머양

조금 나아졌습니다.

稍微好转了。

Shāowēi hǎozhuǎn le.

샤오웨이 하오주안러

많이 나아졌습니다.

好多了。

Hǎo duō le.

하오뚜오러

일이 있으면 저와 상의하세요.

有事跟我商量。

Yǒu shì gēn wǒ shāngliang.

요우스 껀워 샹량

모두 당신을 위한 것입니다.

都是为了你好。

Dōu shì wèile nǐ hǎo.

또우스 웨이러 니 하오

> 为了 : …을 위하여

이것은 상당히 좋은 경험입니다.

这一定是个好经验。

Zhè yídìng shì ge hǎo jīngyàn.

쩌 이딩 스거 하오 찡옌

85

제3장

14. 도움을 줄 때

주요표현

A : 我来帮你提包。
Wǒ lái bāng nǐ tí bāo.
워 라이 빵 니 티빠오

B : 啊, 谢谢。小心, 很重呢。
À, xièxie. Xiǎoxīn, hěn zhòng ne.
아 씨에시에 샤오씬 헌 쫑 너

A : 제가 당신의 가방을 들어 드리겠습니다.
B : 아, 고맙습니다. 조심하세요, 아주 무거워요.

저를 도와 주실 수 있나요?

你可以帮我的忙吗? Nǐ kěyǐ bāng wǒ de máng ma?
니 커이 빵 워더 망 마

저의 도움이 필요하신가요?

你需要我的帮忙吗? Nǐ xūyào wǒ de bāngmáng ma?
니 쉬야오 워더 빵망 마

제가 도와 드리겠습니다.

我来帮你。 Wǒ lái bāng nǐ.
워 라이 빵 니

우리 함께 하지요.

我们一起做吧。 Wǒmen yìqǐ zuò ba.
워먼 이치 쭈오 바

괜찮습니다. 제가 혼자 할 수 있습니다.

不用, 我可以自己处理。 Búyòng, wǒ kěyǐ zìjǐ chǔlǐ.
부용 워 커이 쯔지 추리

의견 · 감정 · 관심

제가 그 상자들 나르는 것을 도와 드릴까요?

我帮你提那些箱子好吗?

Wǒ bāng nǐ tí nàxiē xiāngzi hǎo ma?

워 빵 니 티 나시에 시앙즈 하오 마

괜찮습니다.

没关系。/ 没事儿。

Méi guānxi. / Méi shìr.

메이꾸안씨 / 메이 셜

그러면, 고맙습니다.

那, 我谢谢了。

Nà, wǒ xièxie le.

나 워 씨에시에러

고맙습니다. 정말 친절하시군요.

谢谢, 你真热情。

Xièxie, nǐ zhēn rèqíng.

씨에시에 니 쩐 러칭

제3장 15. 외모에 대한 표현

주요표현

A : 那位胖子是谁?
Nà wèi pàngzi shì shéi?
나웨이 팡즈 스 셰이

B : 是刘芳。
Shì Liú Fāng.
스 리우팡

A : 저 뚱뚱한 사람은 누구입니까?
B : 류팡입니다.

이 양은 말랐습니다.

李小姐很瘦。 Lǐ xiǎojiě hěn shòu.

리샤오지에 헌 쇼우

박 선생은 키가 큽[작습]니다.

朴先生个子高[矮]。 Piáo xiānsheng gèzi gāo [ǎi].

퍄오 시엔셩 꺼즈 까오 [아이]

신장은 1미터 62센티입니다.

身高一米六十二公分。 Shēngāo yì mǐ liùshí'èr gōngfēn.

션까오 이미 리우스얼꿍펀

체중은 48킬로입니다.

体重四十八公斤。 Tǐzhòng sìshíbā gōngjīn.

티쭝 쓰스빠 꿍찐

그녀는 몸매가 매우 날씬합니다.

她很苗条。 Tā hěn miáotiao.

타 헌 먀오탸오

의견 · 감정 · 관심

그녀는 이뻐요.

她长得很漂亮。
Tā zhǎng de hěn piàoliang.
타 장더 헌 퍄오량

그 여자아이는 정말 귀엽습니다.

那个女孩儿长得真可爱。
Nàge nǚháir zhǎng de zhēn kě'ài.
나거 뉘할 장더 쩐 커아이

그는 잘생겼습니다.

他长得很帅。/ 他很好看。
Tā zhǎng de hěn shuài. / Tā hěn hǎokàn.
타 장더 헌 슈아이 / 타 헌 하오칸

그는 못생겼습니다.

他很难看。
Tā hěn nánkàn.
타 헌 난칸

제3장 16. 성격에 대한 표현

> A : 你的性格怎么样?
> Nǐ de xìnggé zěnmeyàng?
> 니더 씽거 쩐머양
>
> B : 我的性格比较开朗。
> Wǒ de xìnggé bǐjiào kāilǎng.
> 워더 씽거 비자오 카이랑
>
> A : 당신의 성격은 어떻습니까?
> B : 저의 성격은 비교적 명랑합니다.

저는 성격이 느긋합니다.

我的性格比较慢。 Wǒ de xìnggé bǐjiào màn.
워더 씽거 비자오 만

저는 성격이 급합니다.

我的性格比较快。 Wǒ de xìnggé bǐjiào kuài.
워더 씽거 비자오 콰이

그는 인품이 성실합니다.

他为人诚实。 Tā wéirén chéngshí.
타 웨이런 청스

그녀는 사람됨이 정직합니다.

她为人正直。 Tā wéirén zhèngzhí.
타 웨이런 쩡즈

그는 성깔이 있습니다.

他有脾气。 Tā yǒu píqi.
타 요우 피치

의견 · 감정 · 관심

그는 입심만 센 사람입니다.

他是个嘴很厉害的人。
Tā shì ge zuǐ hěn lìhai de rén.
타 스거 쭈에이 헌 리하이더 런

그는 째째한 사람입니다.

他是个很吝啬的人。
Tā shì ge hěn lìnsè de rén.
타 스거 헌 린써더 런

저의 성격은 비교적 내성적입니다.

我的性格比较内向。
Wǒ de xìnggé bǐjiào nèixiàng.
워더 씽거 비자오 네이시앙

저의 성격은 비교적 외향적입니다.

我的性格比较外向。
Wǒ de xìnggé bǐjiào wàixiàng.
워더 씽거 비자오 와이시앙

저는 사리에 밝은 사람입니다.

我是个通情达理的人。
Wǒ shì ge tōngqíng-dálǐ de rén.
워 스거 통칭다리더 런

이렇게 아이처럼 굴지 마세요.

你别这样孩子气。
Nǐ bié zhèyàng háiziqì.
니 비에 쩌양 하이즈치

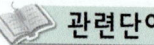 관련단어

외모 관련 어휘

长得	zhǎng dé	…처럼 생기다
平凡	píngfán	평범(하다)
瘦	shòu	마르다
胖	pàng	뚱뚱하다
高个儿	gāogèr	키다리
矮小	ǎixiǎo	작다, 왜소하다
戴眼镜	dài yǎnjìng	안경쓰다
帅 / 英俊	shuài / yīngjùn	(남자에게) 잘생겼다
可爱	kě'ài	귀엽다
漂亮	piàoliang	(여자에게) 예쁘다
美丽	měilì	아름답다
好看	hǎokàn	보기 좋다, 잘 생겼다
难看	nánkàn	못생겼다, 보기에 안 좋다
丑	chǒu	못생겼다, 추하다
小姐	xiǎojiě	아가씨, …양
姑娘	gūniang	아가씨
绰号	chuòhào	별명

성격 관련 어휘

开朗	kāilǎng	명랑하다
阴坏	yīnhuài	음험하다
牛脾气	niú píqi	외고집
外向	wàixiàng	외향적이다
内向	nèixiàng	내성적이다
正直	zhèngzhí	정직하다

일상생활 4

1. 학교생활
2. 회사생활
3. 주거
4. 휴가계획
5. 취미생활
6. 스포츠
7. 종교
8. 병원에서
9. 약국에서
10. 우체국에서
11. 미용실에서
12. 도서관에서
13. 은행에서
14. 공원·관람장

chinese

제4장 1. 학교생활

A : 期末考试成绩怎么样?
Qīmò kǎoshì chéngjì zěnmeyàng?
치모 카오스 청지 쩐머양

B : 这次考试彻底砸了。
Zhè cì kǎoshì chèdǐ zá le.
쩌츠 카오스 처띠 자러

A : 기말고사 성적은 어때요?
B : 이번 시험은 완전히 망쳤어요.

성적이 많이 좋아졌어요.

成绩好多了。
Chéngjì hǎo duō le.
청지 하오 뚜어러

성적은 중요하지 않아요.

成绩无关紧要。
Chéngjì wúguān - jǐnyào.
청지 우꾸안 진야오

하루에 8시간 수업을 합니다.

一天上八节课。
Yì tiān shàng bā jié kè.
이티엔 샹 빠지에커

> 교과목을 세는 단위는 '门 mén'이고 수업 시수를 세는 단위는 '节 jié'를 사용한다.

우리는 매일 8시에 수업을 시작합니다.

我们每天九点开始上课。
Wǒmen měitiān jiǔ diǎn kāishǐ shàngkè.
워먼 메이티엔 지우디엔 카이스 샹커

일상생활

중국은 9월에 신학기를 시작합니다.

中国在九月份开始新学期。

Zhōngguó zài Jiǔyuè fèn kāishǐ xīn xuéqī.

쭝궈 짜이 지우위에펀 카이스 씬쉬에치

저는 유학생 기숙사 404호에서 삽니다.

我住在留学生楼 404号。

Wǒ zhù zài liúxuéshēnglóu sì líng sì hào.

워 쭈짜이 리우쉬에셩로우 쓰링쓰하오

저의 룸메이트는 일본 사람입니다.

我的同屋是日本人。

Wǒ de tóngwū shì Rìběnrén.

워더 통우 스 르번런

식사는 학교 식당에서 해결합니다.

吃饭在学校餐厅解决。

Chī fàn zài xuéxiào cāntīng jiějué.

츠판 짜이 쉬에샤오 찬팅 지에쥐에

문제가 있으면 수시로 물어보세요.

有问题可以随时问。

Yǒu wèntí kěyǐ suíshí wèn.

요우 원티 커이 쒜이스 원

선생님, 죄송합니다. 제가 지각을 했습니다.

老师, 对不起, 我迟到了。

Lǎoshī, duìbuqǐ, wǒ chídào le.

라오스 뛔이부치 워 츠따오러

95

제4장 2. 회사생활

주요표현

A : 贵公司在经营什么?
Guì gōngsī zài jīngyíng shénme?
꿰이 꽁쓰 짜이 찡잉 션머

B : 我公司正在开发电脑软件。
Wǒ gōngsī zhèngzài kāifā diànnǎo ruǎnjiàn.
워 꽁쓰 쩡짜이 카이파 띠엔나오 롼지엔

A : 귀 회사는 어떤 일을 합니까?
B : 저희 회사는 컴퓨터 소프트웨어를 개발합니다.

왕 주임은 어떤 일을 담당하고 있습니까?

王主任负责什么业务? Wáng zhǔrèn fùzé shénme yèwù?
왕 주런 푸저 션머 예우

저는 판매 업무를 담당하고 있습니다.

我负责销售业务。 Wǒ fùzé xiāoshòu yèwù.
워 푸저 샤오쇼우 예우

출장을 자주 갑니까?

经常出差吗? Jīngcháng chūchāi ma?
찡창 추차이 마

김 부장님은 전근가셨습니다.

金部长已经调走了。 Jīn bùzhǎng yǐjing diàozǒu le.
찐뿌장 이징 댜오 조우러

당신은 입사한 지 얼마나 되었습니까?

你入社有多久? Nǐ rùshè yǒu duō jiǔ?
니 루셔 요우 뚜오지우

일상생활

입사한 지 10년째입니다.
入社已经有十年了。
Rùshè yǐjing yǒu shí nián le.
루셔 이징 요우 스니엔 러

그는 몸이 불편해서 출근하지 못했습니다.
他身体不舒服没能上班。
Tā shēntǐ bù shūfu méi néng shàngbān.
타 션티 뿌 슈푸 메이 넝 샹빤

귀 회사의 사원은 몇 명입니까?
贵公司有多少社员?
Guì gōngsī yǒu duōshao shèyuán?
꿰이 꽁쓰 요우 뚜오샤오 셔위엔

전부 40명입니다.
总共四十名。
Zǒnggòng sìshí míng.
쫑꽁 쓰스밍

회사에 부서는 몇 개있습니까?
公司里有几个部门?
Gōngsī lǐ yǒu jǐ ge bùmén.
꽁쓰 리 요우 지거 뿌먼

영업부, 기획부, 관리부 모두 3개입니다.
有营业部, 策划部, 管理部, 一共三个部门。
Yǒu yíngyèbù, cèhuàbù, guǎnlǐbù, yígòng sān ge bùmén.
요우 잉예뿌 처화뿌 관리뿌 이꽁 싼거 뿌먼

97

제4장   3. 주거

주요표현

A : 王先生的房子多大?
Wáng xiānsheng de fángzi duō dà?
왕 시엔셩더 팡즈 뚜오따

B : 不算大, 80平米左右。
Bú suàn dà, bāshí píngmǐ zuǒyòu.
부쑤안 따 빠스 핑미 주오요우

A : 왕 선생님의 집은 어느 정도 넓어요?
B : 그리 크지 않아요. 80평방 미터 정도입니다.

저는 사택에 살고 있습니다.

我住私人住宅。 Wǒ zhù sīrén zhùzhái.
워 쭈 쓰런 쭈자이

저는 별장에 살고 있습니다.

我住别墅。 Wǒ zhù biéshù.
워 쭈 비에슈

제가 살고 있는 곳은 아파트입니다.

我的房子是公寓楼。 Wǒ de fángzi shì gōngyùlóu.
워더 팡즈 스 꿍위로우

몇 층입니까?

是几楼? Shì jǐ lóu.
스 지로우

5층입니다.

是五楼。 Shì wǔ lóu.
스 우로우

일상생활

집은 당신 소유인가요?

房子是你个人的吗? Fángzi shì nǐ gèrén de ma?

팡즈 스 니 꺼런더 마

네, 저의 소유입니다.

是, 我个人的。 Shì, wǒ gèrén de.

스 워 꺼런더

아니요, 빌린 것입니다.

不, 是租来的。 Bù, shì zū lái de.

뿌 스 주 라이더

집세는 얼마입니까?

房租是多少钱? Fángzū shì duōshao qián?

팡주 스 뚜어샤오 치엔

매월 8백 위안입니다.

每月八百元。 Měi yuè bābǎi yuán.

메이위에 빠바이 위엔

집에는 방이 몇 개 있습니까?

房子里有几间屋子?
Fángzi lǐ yǒu jǐ jiān wūzi?

팡즈리 요우 지지엔 우즈

방 두 개에 부엌과 욕실, 그리고 거실이 있습니다.

有两个卧室, 一个厨房, 一个浴室, 还有一个客厅。
Yǒu liǎng ge wòshì, yí ge chúfáng, yí ge yùshì, hái yǒu yí ge kètīng.

요우 량거 워스 이거 추팡 이거 위스 하이요우 이거 커팅

제4장 4. 휴가계획

주요표현

A : **这次休假你想干什么?**
Zhè cì xiūjià nǐ xiǎng gàn shénme?
쩌츠 시우지아 니 시앙 깐 선머

B : **我想去香港旅行。**
Wǒ xiǎng qù Xiānggǎng lǚxíng.
워 시앙 취 시앙강 뤼싱

A : 이번 휴가에 무엇을 하실 생각인가요?
B : 홍콩으로 여행을 가려고 합니다.

주말은 어떻게 보내세요?

周末怎么过? Zhōumò zěnme guò?
쪼우모 쩐머 궈

산책을 합니다.

散散步。 Sàn sànbù.
싼 싼뿌

낮잠을 잡니다.

睡午觉。 Shuì wǔjiào.
쉐이 우쟈오

저는 보통 비디오를 봅니다.

我一般看录象。 Wǒ yìbān kàn lùxiàng.
워 이빤 칸 루시앙

아무 계획도 없습니다.

我没有什么计划。 Wǒ méiyǒu shénme jìhuà.
워 메이요우 선머 찌화

일상생활

일요일마다 교회에 가서 예배를 봅니다.

每星期天去教堂做礼拜。

Měi xīngqītiān qù jiàotáng zuò lǐbài.

메이 씽치티엔 취 자오탕 쭈오 리바이

이번 휴가에는 일주일간 쉴 수 있습니다.

这次休假可以休息一个星期。

Zhè cì xiūjià kěyǐ xiūxi yí ge xīngqī.

쩌츠 시우지아 커이 시우시 이거 씽치

시간이 있으면 주로 뭘 하세요?

有空时一般干什么?

Yǒu kòng shí yìbān gàn shénme?

요우콩스 이빤 깐 션머

책을 보기도 하고 음악을 듣기도 합니다.

有时候看书, 有时候听音乐。

Yǒushíhou kàn shū, yǒushíhou tīng yīnyuè.

요우스호우 칸슈 요우스호우 팅인위에

101

제4장 5. 취미생활

주요표현

A : 您的爱好是什么?
Nín de àihào shì shénme?
닌더 아이하오 스 션머

B : 对书法有兴趣。
Duì shūfǎ yǒu xìngqù.
뚜이 슈파 요우 씽취

A : 당신의 취미는 뭡니까?
B : 서예에 흥미가 있습니다.

저의 취미는 등산입니다.

我的爱好是爬山。 Wǒ de àihào shì páshān.

워더 아이하오 스 파샨

스포츠는 좋아하세요?

喜欢运动吗? Xǐhuan yùndòng ma?

씨환 윈똥 마

저는 농구광입니다.

我是篮球迷。 Wǒ shì lánqiúmí.

워 스 란치우미

저의 취미는 우표 수집이에요.

我的爱好是集邮。 Wǒ de àihào shì jíyóu.

워더 아이하오 스 지요우

저는 금붕어 기르는 것을 좋아해요.

我喜欢养金鱼。 Wǒ xǐhuan yǎng jīnyú.

워 씨환 양 찐위

일상생활

저는 사진 동호회에서 활동하고 있습니다.
我在摄影俱乐部中活动。
Wǒ zài shèyǐng jùlèbù zhōng huódòng.
워 짜이 셔잉 쮜러뿌 중 훠똥

저는 중국 무술에 흥미가 있습니다.
我对中国武术有兴趣。
Wǒ duì Zhōngguó wǔshù yǒu xìngqù.
워 뚜이 쭝궈 우슈 요우 씽취

언제부터 배우기 시작하셨어요?
从什么时候开始学的?
Cóng shénme shíhou kāishǐ xué de?
총 션머 스호우 카이스 쉬에더

어릴 때부터 시작했습니다.
从小开始学的。
Cóng xiǎo kāishǐ xué de.
총 샤오 카이스 쉬에더

제4장 6. 스포츠

주요표현

A : 朴先生会游泳吗?
Piáo xiānsheng huì yóuyǒng ma?
퍄오 시엔셩 훼이 요우융 마

B : 会是会, 但还不熟练。
Huì shì huì, dàn hái bù shúliàn.
훼이 스 훼이, 딴 하이 뿌 슈리엔

A : 박 선생은 수영을 할 수 있습니까?
B : 하기는 하지만 아직 잘 하지는 못합니다.

어떤 운동을 할 줄 아세요?

你会什么运动? Nǐ huì shénme yùndòng?
니 훼이 션머 윈똥

어떤 운동을 좋아하세요?

你喜欢什么运动? Nǐ xǐhuan shénme yùndòng?
니 씨환 션머 윈똥

> 손으로 하는 구기 운동에는 동사 '打 dǎ'를 쓰고 축구 등 발로하는 구기 운동에는 동사 '踢 tī'를 쓴다.

저는 축구하기를 좋아합니다.

我喜欢踢足球。 Wǒ xǐhuan tī zúqiú.
워 씨환 티 주치우

저는 야구경기를 즐겨 봅니다.

我爱看棒球比赛。 Wǒ ài kàn bàngqiú bǐsài.
워 아이칸 주치우 비싸이

저는 잘 못합니다.

我打得不好。 Wǒ dǎ de bù hǎo.
워 다더 뿌하오

일상생활

저는 아주 잘합니다.
我打得很好。 Wǒ dǎ de hěn hǎo.
워 다더 헌 하오

매우 잘 하시는군요.
干得不错嘛。 Gàn de búcuò ma.
깐더 부추오 마

아닙니다, 아직 멀었습니다.
不,还差得远呢。 Bù, hái chà de yuǎn ne.
뿌 하이 차더 위엔 너

하기는 조금 합니다.
会是会一点。 Huì shì huì yì diǎn.
훼이 스 훼이 이디엔

한두 번 해 봤습니다.
我打过一两次。 Wǒ dǎguo yì liǎng cì.
워 다궈 이량츠

우리 같이 탁구를 칠까요?
我们一起打乒乓球好吗?
Wǒmen yìqǐ dǎ pīngpāngqiú hǎo ma?
워먼 이치 다 핑팡치우 하오 마

저는 특별히 좋아하는 운동이 없습니다.
我没有什么特别喜欢的运动。
Wǒ méiyǒu shénme tèbié xǐhuan de yùndòng.
워 메이요우 션머 터비에 씨환더 윈똥

제4장 7. 종교

A : 你的信仰是什么?
Nǐ de xìnyǎng shì shénme?
니더 씬양 스 션머

B : 没有, 我什么教都不信。
Méiyǒu, wǒ shénme jiào dōu bú xìn.
메이요우 워 션머 쟈오 또우 부씬

A : 당신의 종교는 무엇인가요?
B : 없습니다. 저는 아무 종교도 안 믿어요.

저는 집에서 기도를 합니다.

我在家做了祈祷。 Wǒ zài jiā zuòle qídǎo.

워 짜이 지아 쭈어러 치다오

저는 불교 신자입니다.

我是佛教教徒。 Wǒ shì Fójiào jiàotú.

워 스 포쟈오 쟈오투

불교의 창시자는 붓다입니다.

佛教的创始者是佛陀。 Fójiào de chuàngshǐzhě shì Fótuó.

포쟈오더 추앙스저 스 포투오

우리 절에 예불드리러 갑시다.

我们去佛寺拜佛吧。 Wǒmen qù fósì bàifó ba.

워먼 취 포쓰 빠이포 바

저는 예수님을 믿습니다.

我信耶稣。 Wǒ xìn Yēsū.

워 씬 예수

일상생활

저는 예전부터 기독교 신도입니다.

我很早以前就是基督教徒。

Wǒ hěn zǎo yǐqián jiù shì Jīdūjiàotú.
워 헌 자오 이치엔 찌우스 찌두자오투

이것은 예수님의 뜻입니다.

这是耶稣旨意。

Zhè shì Yēsū zhǐyì.
쩌 스 예수 즈이

이 근처에 교회가 있습니까?

这附近有教堂吗?

Zhè fùjìn yǒu jiàotáng ma?
쩌 푸진 요우 쟈오탕 마

저는 이슬람교도입니다.

我是伊斯兰教徒。

Wǒ shì Yīsīlánjiàotú.
워 스 이쓰란쟈오투

> 이슬람교(伊斯兰教 Yīsīlánjiào)는 회교(回教 Huíjiào)라고도 한다.

신장에는 이슬람교 신자가 많습니다.

在新疆信仰伊斯兰教的人很多。

Zài Xīnjiāng xìnyǎng Yīsīlánjiào de rén hěn duō.
짜이 씬지앙 씬양 이쓰란쟈오더 런 헌 뚜어

회교도는 돼지고기를 먹지 않습니다.

回教徒不吃猪肉。

Huíjiàotú bù chī zhūròu.
훼이쟈오투 뿌츠 쭈로우

107

제4장 8. 병원에서

> A : 怎么了? 哪儿不舒服?
> Zěnme le? Nǎr bù shūfu?
> 쩐머러 날 뿌 슈푸
>
> B : 发烧,肚子疼。
> Fāshāo, dùzi téng.
> 파샤오 뚜즈 텅
>
> A : 왜 그러세요? 어디가 불편하세요?
> B : 열이 나고 배가 아픕니다.

의사 선생님 저는 여기가 아파요.

大夫我这里疼。 Dàifu wǒ zhèlǐ téng.
따이푸 워 쩌리 텅

배탈이 났습니다.

闹肚子。 Nào dùzi.
나오 뚜즈

구역질이 납니다.

觉得恶心。 juéde ěxin.
쥐에더 어씬

식욕이 없습니다.

没有食欲。 Méiyǒu shíyù.
메이요우 스위

한기가 돕니다.

觉得凉。 juéde liáng.
쥐에더 량

일상생활

저는 현기증이 납니다.

我头晕。 Wǒ tóuyūn.

워 토우윈

어제 저녁부터 시작되었어요.

从昨天晚上开始的。

Cóng zuótiān wǎnshang kāishǐ de.

총 주오티엔 완샹 카이스더

식중독이네요, 약을 드세요.

是食物中毒，吃药吧。

Shì shíwù zhòngdú, chī yào ba.

스 스우쫑두 츠야오바

중국 병원의 이용 절차

일반적으로 '접수-진료-비용 지불-약 수령'의 순서로 이루어진다. 접수 시에 접수번호(挂号 guàhào)를 받고 진료과목의 진료실에서 진료접수표를 놓고 번호를 부르면 들어가 진료를 받는다. 진료 후에는 원무과(划价处 huàjiàchù)에서 약값을 확인 한 뒤 대금 납부처(收款处 shōukuǎnchù)에 비용을 지불하고 약국에서 약을 타면 된다.

중국의 의료비는 그리 비싸지는 않지만 보험이 없거나 외국인인 경우는 더 높은 진료비를 요구하니 감기 등 간단한 질병이 아니라면 한국에 돌아와 진료를 보는 것이 좋다.

제4장 9. 약국에서

주요표현

A: 有头疼药吗?
Yǒu tóuténgyào ma?
요우 토우텅야오 마

B: 有, 稍等一下。
Yǒu, shāo děng yíxià.
요우 샤오 덩이시아

A: 두통약 있습니까?
B: 네, 잠시만 기다려 주십시오.

설사약을 주세요.
我要泻药。 Wǒ yào xièyào.
워 야오 시에야오

감기약을 주세요.
我要感冒药。 Wǒ yào gǎnmàoyào.
워 야오 간마오야오

이 약은 효과가 좋습니까?
这药效果好吗? Zhè yào xiàoguǒ hǎo ma?
쩌 야오 샤오궈 하오 마

식후에 먹으면 됩니까?
饭后吃吗? Fàn hòu chī ma?
판 호우 츠 마

몇 첩을 먹습니까? 어떻게 먹지요?
吃几片? 怎么吃? Chī jǐ piàn? Zěnme chī?
츠 지피엔? 쩐머 츠

일상생활

효과가 바로 나타나는 약을 주세요.

请给马上见效果的药。

Qǐng gěi mǎshàng jiàn xiàoguǒ de yào.

칭 게이 마샹 지엔 샤오궈더 야오

하루에 몇 번 먹으면 됩니까?

一天吃几次?

Yì tiān chī jǐ cì?

이티엔 츠 지츠

하루에 한 번 먹으면 됩니다.

一天吃一次就行。

Yì tiān chī yí cì jiù xíng.

이티엔 츠 이츠 찌우 씽

📎
약국 이용

중국에서의 약국 이용은 우리 나라와 비슷하다. 주로 '药店 yàodiàn 약점' 혹은 '药房 yàofáng 약방'으로 표기되어 있으며 일반 의약품이나 위생용품 등을 구입할 수 있다. 약사에게 증상이나 원하는 약품을 말하고 구입하면 된다.

제4장 10. 우체국에서

주요표현

A : 想把这个包裹寄到韩国。
Xiǎng bǎ zhège bāoguǒ jìdào Hánguó.
시앙 바 쩌거 빠오궈 찌 따오 한궈

B : 要空邮吗?
Yào kōngyóu ma?
야오 콩요우 마

A : 이 짐을 한국으로 부치려고 하는데요.
B : 항공 우편입니까?

우표 파는 곳은 어디에 있나요?

哪儿有卖邮票的地方?
Nǎr yǒu mài yóupiào de dìfang?
날 요우 마이 요우퍄오더 띠팡

소포를 부치려고 합니다.

寄个包裹。
Jì ge bāoguǒ.
찌거 빠오궈

> 중국 국내 우편은 발신인 주소를 우하단에, 수신인 주소를 좌상단에 쓴다. 국제우편은 우리와 동일하다.

이렇게 포장하면 됩니까?

这样包装可以吗?
Zhèyàng bāozhuāng kěyǐ ma?
쩌양 빠오주앙 커이 마

한국까지 항공편으로 부치려고 합니다. 얼마입니까?

空邮到韩国, 要多少钱?
Kōngyóu dào Hánguó, yào duōshao qián?
콩요우 따오 한궈 야오 뚜오샤오 치엔

일상생활

항공우편으로 하면 얼마나 걸립니까?

要空邮。需要几天?
Yào kōngyóu. Xūyào jǐ tiān?
야오 콩요우 쉬야오 지티엔

어떤 방법이 가장 빨리 도착하나요?

哪种方法最快能到?
Nǎ zhǒng fāngfǎ zuì kuài néng dào?
나종 팡파 쭈에이 콰이 넝 따오

이것을 속달 우편으로 보내려고 합니다.

这个要用快信。
Zhège yào yòng kuàixìn.
쩌거 야오 용 콰이씬

얼마짜리 우표를 붙여야 합니까?

要贴多少钱的邮票?
Yào tiē duōshao qián de yóupiào?
야오 티에 뚜오샤오 치엔더 요우퍄오

연하장은 얼마짜리 우표를 붙여야 합니까?

贺年卡得贴多少钱的邮票?
Hèniánkǎ děi tiē duōshao qián de yóupiào?
허니엔카 데이 티에 뚜오샤오 치엔더 요우퍄오

여기 주소와 이름을 써 넣어 주십시오.

这里填写地址和姓名。
Zhèli tiánxiě dìzhǐ hé xìngmíng.
쩌리 티엔시에 띠즈 허 씽밍

제4장 11. 미용실에서

> A : 欢迎光临, 到这里坐, 您要怎么做?
> Huānyíng guānglín, dào zhèli zuò, nín yào zěnme zuò?
> 환잉 꽝린 따오 쩌리 쭈오 닌 야오 쩐머 쭈오
>
> B : 只剪发。
> Zhǐ jiǎn fà.
> 즈 지엔파
>
> A : 어서 오세요, 이리로 앉으세요. 어떻게 하시겠어요?
> B : 컷트만 해 주세요.

지금 컷트 됩니까?
现在可以剪发吗? Xiànzài kěyǐ jiǎn fā ma?
시엔짜이 커이 지엔파 마

머리를 잘 해 주세요.
请给理得好一点儿。 Qǐng gěi lǐ de hǎo yìdiǎnr.
칭 게이 리더 하오 이디얼

어떤 헤어 스타일을 좋아하세요?
喜欢什么发型? Xǐhuan shénme fàxíng?
씨환 션머 파씽

이런 스타일로 해 주세요.
照这个样子剪吧。 Zhào zhège yàngzi jiǎn ba.
자오 쩌거 양즈 지엔 바

머리를 염색해 주세요.
给我染染发吧。 Gěi wǒ rǎn rǎn fà ba.
게이 워 란 란파 바

일상생활

약하게 파마해 주세요.

轻点儿烫吧。 Qīng diǎnr tàng ba.

칭디얼 탕 바

조금 더 짧게 잘라 주세요.

请再给剪得短一点。

Qǐng zài gěi jiǎn de duǎn yìduǎnr.

칭 짜이 게이 지엔더 두안 이디엔

더 이상 짧게 하지 마세요.

请不要再短了。

Qǐng búyào zài duǎn le.

칭 부야오 짜이 두안러

먼저 머리를 감고 컷트해 주세요.

先洗头, 再剪吧。

Xiān xǐ tóu, zài jiǎn ba.

시엔 씨토우 짜이 지엔 바

머리를 감는 데 별도의 요금을 지불하는 이발관도 있다.

115

제4장 12. 도서관에서

> A : 我想借书。
> Wǒ xiǎng jiè shū.
> 워 시앙 지에 슈
>
> B : 好, 登记在这里。
> Hǎo, dēngjì zài zhèli.
> 하오 떵지 짜이 쩌리
>
> A : 저는 책을 빌리려고 합니다.
> B : 네, 여기에 기입해 주세요.

이것은 저의 도서대출증입니다.

这是我的借书证。
Zhè shì wǒ de jièshūzhèng.
쩌 스 워더 지에슈쩡

책은 한 번에 몇 권까지 빌릴 수 있습니까?

一次能借几本书?
Yí cì néng jiè jǐ běn shū?
이츠 넝 지에 지번 슈

한 번에 4권까지 빌릴 수 있습니다.

一次可以借四本。
Yí cì kěyǐ jiè sì běn.
이츠 커이 지에 쓰번

얼마나 오래 빌릴 수 있습니까?

最多能借多长时间?
Zuì duō néng jiè duō cháng shíjiān?
쭈에이 뚜어 넝 지에 뚜어창 스지엔

일상생활

일주일간 빌릴 수 있습니다.

可以借一个星期。
Kěyǐ jiè yí gè xīngqī.
커이 지에 이거 씽치

고정된 자리는 없습니까?

没有固定座位吗?
Méiyǒu gùdìng zuòwèi ma?
메이요우 꾸딩 쭈어웨이 마

개관 시간은 오전 9시부터 오후 5시까지입니다.

开馆时间是从上午九点到下午五点。
Kāiguǎn shíjiān shì cóng shàngwǔ jiǔ diǎn dào xiàwǔ wǔ diǎn.
카이꾸안 스지엔 스 총 샹우 지우디엔 따오 시아우 우디엔

식권은 어디서 팝니까?

哪儿卖饭票?
Nǎr mài fànpiào?
날 마이 판퍄오

제4장 13. 은행에서

주요표현

A : 你有帐户吗?
Nǐ yǒu zhànghù ma?
니 요우 짱후 마

B : 有, 这是我的帐号。
Yǒu, zhè shì wǒ de zhànghào.
요우 쩌 스 워더 짱하오

A : 당신은 계좌를 갖고 계십니까?
B : 있습니다, 이것이 저의 계좌번호입니다.

계좌를 개설하려고 합니다.

我要开个帐户。 Wǒ yào kāi ge zhànghù.
워 야오 카이거 짱후

이자는 얼마입니까?

利息是多少? Lìxī shì duōshao?
리시 스 뚜어샤오

잔돈으로 바꾸어 주시겠습니까?

可以换零钱吗? Kěyǐ huàn língqián ma?
커이 환 링치엔 마

돈을 좀 찾으려고 합니다.

要取点钱。 Yào qǔ diǎn qián.
야오 취디엔 치엔

저에게 인출신청서 한 장 주십시오.

请给我一张取款单。 Qǐng gěi wǒ yì zhāng qǔkuǎndān.
칭 게이 워 이장 취콴딴

일상생활

저의 계좌를 해약해 주세요.

请取消我的帐户。

Qǐng qǔxiāo wǒ de zhànghù
칭 취샤오 워더 짱후

오늘 환율은 얼마입니까?

今天的汇率是多少?

Jīntiān de huìlǜ shì duōshao?
찐티엔더 훼이뤼 스 뚜어샤오

이 돈을 제 계좌로 입금해 주세요.

请把这些钱,存入我的帐户。

Qǐng bǎ zhèxiē qián, cúnrù wǒ de zhànghù.
칭 바 쩌시에 치엔 춘루 워더 짱후

환전하려고 합니다. 달러를 인민폐로 바꿔 주세요.

我想换钱,请把美元换成人民币。

Wǒ xiǎng huànqián, qǐng bǎ měiyuán huànchéng rénmínbì.
워 시앙 환치엔 칭 바 메이위엔 환청 런민삐

한국으로 송금하려 하는데 어떻게 하면 됩니까?

我要向韩国汇款,该怎么办?

Wǒ yào xiàng Hánguó huìkuǎn, gāi zěnme bàn?
워 야오 시앙 한궈 훼이콴 까이 쩐머 빤

한국에서 송금한 돈을 찾으려고 합니다.

我要提取从韩国汇过来的钱。

Wǒ yào tíqǔ cóng Hánguó huì guòlái de qián.
워 야오 티취 총 한궈 훼이궈라이더 치엔

제4장 14. 공원 · 관람장

주요표현

A : 今天来公园的人真多啊!
Jīntiān lái gōngyuán de rén zhēn duō a!
찐티엔 라이 꽁위엔더 런 쩐 뚜어 아

B : 对,简直是人山人海。
Duì, jiǎnzhí shì rénshān - rénhǎi.
뛔이 지엔즈 스 런샨런하이

A : 오늘 공원에 온 사람이 정말 많군요!
B : 맞아요, 그야말로 인산인해입니다.

매표소는 어디입니까?
售票处在哪儿?
Shòupiàochù zài nǎr?
쇼우퍄오추 짜이 날

이런 옷차림도 괜찮습니까?
这样穿戴可以吗?
Zhèyàng chuāndài kěyǐ ma?
쩌양 추안따이 커이 마

이곳의 입장료는 얼마입니까?
这里的票价是多少?
Zhèli de piàojià shì duōshao?
쩌리더 퍄오지아 스 뚜어샤오

영화는 몇 시에 상영을 시작하지요?
电影几点开演?
Diànyǐng jǐ diǎn kāiyǎn?
띠엔잉 지디엔 카이옌

일상생활

가장 싼 자리는 얼마입니까?

最便宜的座位多少钱一张?

Zuì piányi de zuòwèi duōshao qián yì zhāng?

쭈에이 피엔이더 쭈오웨이 뚜오샤오 치엔 이장

당신의 좌석표는 어느 자리입니까?

你的票是哪个座位?

Nǐ de piào shì nǎge zuòwèi?

니더 퍄오 스 나거 쭈어웨이

> 두 개 층 중에 윗층, 혹은 1층에서 2층을 말할 때 '楼上 lóushàng'이라고 한다. 1층, 아랫층은 '楼下 lóuxià'.

저의 좌석표는 2층 15열 11호입니다.

我的票是楼上15排11号。

Wǒ de piào shì lóushàng shíwǔ pái shíyī hào.

워더 퍄오 스 로우샹 스우파이 스이하오

중국에는 곳곳에 공원이 많이 있습니다.

在中国到处都有很多公园。

Zài Zhōngguó dàochù dōu yǒu hěn duō gōngyuán.

짜이 중궈 따오추 또우요우 헌뚜어 꽁위엔

많은 사람들이 공원에서 산책을 합니다.

很多人在公园里散步。

Hěn duō rén zài gōngyuán lǐ sànbù.

헌 뚜어 런 짜이 꽁위엔리 싼뿌

식물원에 오니 마치 대자연에 돌아온 것 같아요.

来到植物园仿佛回到大自然。

Láidào zhíwùyuán fǎngfú huídào dàzìrán.

라이따오 즈우위엔 팡푸 훼이따오 따쯔란

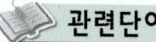 관련단어

학교생활

小学	xiǎoxué	초등학교
初中	chūzhōng	중학교
高中	gāozhōng	고등학교
大学	dàxué	대학교
研究生院	yánjiūshēngyuàn	대학원
补习班	bǔxíbān	학원
补课	bǔkè	보충수업
期末考试	qīmò kǎoshì	기말고사
校庆	xiàoqìng	개교기념일
兴趣小组	xìngqù xiǎozǔ	동아리, 서클
校园	xiàoyuán	캠퍼스, 교정
系	xì	학과, 계열
毕业	bìyè	졸업하다
长辈	zhǎngbèi	선배
晚辈	wǎnbèi	후배

사무용품

复印机	fùyìnjī	복사기
传真机	chuánzhēnjī	팩스
名片	míngpiàn	명함
图章	túzhāng	도장
订书机	dìngshūjī	스테플러
文件袋	wénjiàndài	서류봉투
透明胶带	tòumíng jiāodài	접착용 셀로판 테이프

일상생활

직급 · 직책

董事长	dǒngshìzhǎng	회장
总经理	zǒngjīnglǐ	총사장
经理	jīnglǐ	사장
秘书	mìshū	비서
常务	chángwù	상무
局长	júzhǎng	국장
部长	bùzhǎng	부장
科长	kēzhǎng	과장
主任	zhǔrèn	주임
代理	dàilǐ	대리
社员	shèyuán	사원

회사생활 관련 어휘

公司	gōngsī	회사
就业	jiùyè	취업
业务	yèwù	업무
经营	jīngyíng	경영하다
单位	dānwèi	직장, 단위부서
补贴	bǔtiē	수당
罢工	bàgōng	파업하다
工作狂	gōngzuòkuáng	일벌레
双职工	shuāngzhígōng	맞벌이

운동 · 취미

兴趣	xìngqù	흥미, 취미
集邮	jíyóu	우표수집

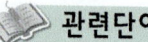
관련단어

象棋	xiàngqí	장기
围棋	wéiqí	바둑
戏剧	xìjù	연극
钓鱼	diàoyú	낚시
电影	diànyǐng	영화
滑雪板	huáxuěbǎn	스노우 보드
滑雪	huáxuě	스키
足球	zúqiú	축구
棒球	bàngqiú	야구
乒乓球	pīngpāngqiú	탁구
排球	páiqiú	배구
篮球	lánqiú	농구
羽毛球	yǔmáoqiú	배드민턴
跆拳道	táiquándào	태권도
太极拳	tàijíquán	태극권
体操	tǐcāo	체조

가구 · 가전제품

家具	jiājù	가구
家电	jiādiàn	가전
电视	diànshì	텔레비전
遥控	yáokòng	리모컨
微波炉	wēibōlú	전자레인지
洗碟机	xǐdiéjī	식기세척기
洗衣机	xǐyījī	세탁기
电冰箱	diànbīngxiāng	냉장고
电热毯	diànrètǎn	전기장판

일상생활

空调	kōngtiáo	에어컨
录像机	lùxiàngjī	비디오
电饭锅	diànfànguō	전기밥솥
吸尘器	xīchénqì	진공청소기
组合音响	zǔhé yīnxiǎng	오디오
电熨斗	diànyùndǒu	전기다리미

종교

佛教	Fójiào	불교
释迦牟尼	Shìjiāmóuní	석가모니, 부처
儒教	Rújiào	유교
基督教	Jīdūjiào	기독교
基督新教	Jīdūxīnjiào	개신교
天主教	Tiānzhǔjiào	천주교
耶稣	Yēsū	예수
伊斯兰教	Yīsīlánjiào	이슬람교
穆罕默德	Mùhánmòdé	마호메트

병원·질병 관련 어휘

症状	zhèngzhuàng	증상
不舒服	bù shūfu	불편하다
恶心	ěxin	메스껍다, 구역질나다
晕车	yùnchē	차멀미하다
呕吐	ǒutù	구토(하다)
肚子疼	dùziténg	복통
肠炎	chángyán	장염
消化不良	xiāohuà bùliáng	소화불량

 관련단어

泻肚子	xiè dùzi	설사(하다)
头疼	tóuténg	두통
咳嗽	késou	기침(하다)
感冒	gǎnmào	감기
高血压	gāoxuèyā	고혈압
裂开	lièkāi	찢어지다, 갈라지다
诊断	zhěnduàn	진단(하다)
治疗	zhìliáo	치료하다
动手术	dòng shǒushù	수술을 하다
开药	kāiyào	약을 처방하다
吃药	chīyào	약을 먹다
恢复	huīfù	회복하다
医院	yīyuàn	병원
绷带	bēngdài	붕대
橡皮膏	xiàngpígāo	반창고
软膏	ruǎngāo	연고
消炎药	xiāoyányào	소염제
退烧药	tuìshāoyào	해열제
止咳药	zhǐkéyào	기침약
止泻药	zhǐxièyào	지사제

우체국 관련 어휘

邮局	yóujú	우체국
信封	xìnfēng	편지봉투
信纸	xìnzhǐ	편지지
邮票	yóupiào	우표
寄件人	jìjiànrén	발신인

일상생활

收件人	shōujiànrén	수신인
邮政编码	yóuzhèng biānmǎ	우편번호
邮政信箱	yóuzhèng xìnxiāng	사서함
邮筒 / 信箱	yóutǒng / xìnxiāng	우체통
邮递员	yóudìyuán	집배원
邮件	yóujiàn	우편물
明信片	míngxìnpiàn	엽서
电报	diànbào	전보
包裹	bāoguǒ	소포
快信	kuàixìn	속달 우편
空邮	kōngyóu	항공우편
船运	chuányùn	해상운송
寄	jì	편지를 부치다

이발 · 미용 관련 어휘

理发	lǐfà	이발(하다)
理发员	lǐfàyuán	이발사
电推子	diàntuīzi	전기 바리캉
梳子	shūzi	빗
吹风机	chuīfēngjī	헤어 드라이기
理发镜	lǐfàjìng	미용 거울
平头	píngtóu	상고머리
短发	duǎnfà	단발
长发	chángfà	장발
马尾辫	mǎwěibiàn	말총머리
辫子	biànzi	땋은 머리, 변발
剪短	jiǎnduǎn	짧게 자르다
胡子	húzi	수염

관련단어

도서관 관련 어휘

图书馆	túshūguǎn	도서관
阅览室	yuèlǎnshì	열람실
书库	shūkù	서고
借书处	jièshūchù	도서대출처
借书单	jièshūdān	도서대출카드
借书证	jièshūzhèng	도서대출증
还书日期	huánshū rìqī	반납일자
杂志	zázhì	잡지
全集	quánjí	전집
目录卡片	mùlùkǎ piàn	목록카드
存包柜	cúnbāoguì	사물함

은행·경제 관련 어휘

银行	yínháng	은행
存	cún	저축하다
汇款	huìkuǎn	송금하다, 송금한 돈
帐户	zhànghù	계좌
存款凭证	cúnkuǎn píngzhèng	예금 입금서
存折	cúnzhé	예금통장
外币	wàibì	외국환
兑换	duìhuàn	환전
人民币	rénmínbì	인민폐(중국)
韩币	hánbì	한국 화폐
美元	měiyuán	달러(미국)
日元	rìyuán	엔(일본)
股票	gǔpiào	주식

전화 5

1. 전화를 걸 때
2. 전화를 받을 때
3. 부재 중일 때
4. 말을 전할 때
5. 기타 전화 상황

chinese

제5장 1. 전화를 걸 때

주요표현

A : 喂, 是张先生家吗?
Wèi, shì Zhāng xiānsheng jiā ma?
웨이 스 쨩 시엔셩 지아 마

B : 是。您是谁?
Shì. Nín shì shéi?
스 닌 스 셰이

A : 여보세요, 장 선생 댁입니까?
B : 그렇습니다. 당신은 누구시죠?

여보세요, 안녕하세요.

喂,你好。
Wèi, nǐ hǎo.
웨이 니하오

> '喂 wèi'는 본래 제4성이지만 전화상에서는 사람에 따라 다르게 발음한다.

여기는 한국 서울입니다. 북경대학교지요?

这是韩国首尔。是北京大学吗?
Zhè shì Hánguó Shǒu'ěr. Shì Běijīng Dàxué ma?
쩌스 한궈 쇼우얼 스 베이징따쉬에 마

여보세요. 저는 판매부와 통화하고 싶습니다.

喂,我想跟销售部接通电话。
Wèi, wǒ xiǎng gēn xiāoshòubù jiētōng diànhuà.
웨이 워 시앙 껀 시아오쇼우뿌 지에통 띠엔화

영업부의 김 선생 바꿔 주세요.

请转营业部的金先生。
Qǐng zhuǎn yíngyèbù de Jīn xiānsheng.
칭 주안 잉예뿌더 찐시엔셩

130

전화

실례지만, 박 주임 부탁드립니다.

打扰您了，请转朴主任。

Dǎjiǎo nín le, qǐng zhuǎn Piáo zhǔrèn.

다자오 닌러 칭 주안 퍄오 주런

실례지만, 누구십니까?

很抱歉，您是谁？

Hěn bàoqiàn, nín shì shéi?

헌 빠오치엔 닌 스 셰이

저는 장지혜입니다.

我叫张智惠。

Wǒ jiào Zhāng Zhìhuì.

워 쟈오 장즈훼이

한국어를 할 수 있는 분과 통화하게 해 주세요.

请让会说韩国话的人接电话。

Qǐng ràng huì shuō Hánguóhuà de rén jiē diànhuà.

칭 랑 훼이슈오 한궈화더 런 지 띠엔화

전화 예절

일반 가정에서 전화를 받을 때는 '여보세요?'라고 말하는 것이 대부분이지만 회사나 단체에서 전화를 받을 때는 정도의 차이는 있지만 '네, 안녕하세요. ○○입니다.'라는 표현을 많이 쓴다. 중국에도 비슷한 표현이 있는데 전화를 받을 때 '喂, 你好。我是○○'라고 말한다.

제5장 2. 전화를 받을 때

주요표현

A : 王先生在吗?
Wáng xiānsheng zài ma?
왕 시엔셩 짜이 마

B : 请稍等。马上给你转。
Qǐng shāo děng. Mǎshàng gěi nǐ zhuǎn.
칭 샤오 덩 마샹 게이 니 주안

A : 왕 선생님 계십니까?
B : 잠시 기다리세요. 곧 연결해 드리겠습니다.

실례지만, 성함이 어떻게 되십니까?

不好意思, 您贵姓?
Bù hǎo yìsi, nín guìxìng?
뿌하오 이쓰 닌 꿰이씽

무슨 일로 전화하셨습니까?

你来电话, 有什么事?
Nǐ lái diànhuà, yǒu shénme shì?
니 라이 띠엔화 요우 션머 스

총무부의 어느 분을 연결해 드릴까요?

转总务部的哪位好呢?
Zhuǎn zǒngwùbù de nǎ wèi hǎo ne?
주안 종우뿌더 나웨이 하오 너

끊지 말고 기다리십시오.

请别挂断, 请稍等。
Qǐng bié guàduàn, qǐng shāo děng.
칭 비에 꾸아두안 칭 샤오 덩

> '전화 걸다'에는 동사 '打 dǎ'를 쓰고 '전화를 끊다'에는 동사 '挂 guà'를 쓴다.

전화

누구를 찾으십니까?

您找谁呀?
Nín zhǎo shéi ya?
닌 자오 셰이야

많이 기다리셨지요? 저는 김산입니다.

等很长时间了吧? 我是金山。
Děng hěn cháng shíjiān le ba? Wǒ shì Jīn Shān.
덩 헌 창 스지엔러 바 워 스 찐샨

김 선생에게서 전화 왔습니다.

是金先生打来了电话。
Shì Jīn xiānsheng dǎlái le diànhuà.
스 찐 시엔셩 다라이러 띠엔화

최군, 전화 받아요.

小崔, 听电话。
Xiǎo Cuī, tīng diànhuà.
시아오 췌이 팅 띠엔화

이양, 전화 왔어요.

李小姐, 有你的电话。
Lǐ xiǎojiě, yǒu nǐ de diànhuà.
리 샤오지에 요우 니더 띠엔화

당신 전화입니다.

是你的电话。
Shì nǐ de diànhuà.
스 니더 띠엔화

제5장 3. 부재 중일 때

주요표현

A : 我叫金山, 王科长在吗?
Wǒ jiào Jīn Shān, Wáng kēzhǎng zài ma?
워 쨔오 찐샨 왕 커장 짜이 마

B : 王科长现在不在。
Wáng kēzhǎng xiànzài bú zài.
왕커장 씨엔짜이 부짜이

A : 저는 김산이라고 합니다. 왕 과장님 계십니까?
B : 왕 과장님은 지금 자리에 안 계십니다.

언제 돌아오십니까?

什么时候回来呢? Shénme shíhou huílái ne?
션머 스호우 훼이라이 너

언제 댁에 계십니까?

什么时候在家? Shénme shíhou zài jiā?
션머 스호우 짜이 지아

금방 돌아올 것입니다.

马上回来。 Mǎshàng huílái.
마샹 훼이라이

받는 사람이 없습니다.

没人接。 Méi rén jiē.
메이런 지에

박 주임은 지금 통화 중입니다.

朴主任正在接电话。 Piáo zhǔrèn zhèngzài jiē diànhuà.
퍄오 주런 쩡짜이 지에 띠엔화

전화

그는 지금 다른 전화를 받고 있습니다.

他正在接另一个电话。

Tā zhàngzài jiē lìng yí ge diànhuà.
타 쩡짜이 지에 링 이거 띠엔화

얼마나 기다려야 연결이 될까요?

要等多久才能接通?

Yào děng duō jiǔ cái néng jiētōng?
야오 덩 뚜오지우 차이 넝 지에통

잠시 후에 다시 전화 주시겠습니까?

过一会儿再来电话好吗?

Guò yíhuìr zài lái diànhuà hǎo ma?
궈 이훨 짜이 라이 띠엔화 하오 마

언제 다시 전화하면 좋을까요?

什么时候再打电话好呢?

Shénme shíhou zài dǎ diànhuà hǎo ne?
션머 스호우 짜이 다 띠엔화 하오 너

그러면 잠시 후에 다시 전화하겠습니다.

那么, 过一会儿再打电话。

Nàme, guò yíhuìr zài dǎ diànhuà.
나머 궈 이훨 짜이 다 띠엔화

이쪽에서 걸겠습니다.

这边给你打电话吧。

Zhèbiān gěi nǐ dǎ diànhuà ba.
쩌비엔 게이 니 다 띠엔화 바

135

제5장 4. 말을 전할 때

주요표현

A : 你要留言吗?
Nǐ yào liúyán ma?
니 야오 리우옌 마

B : 请转告他会议从四点开始。
Qǐng zhuǎngào tā huìyì cóng sì diǎn kāishǐ.
칭 주안까오 타 훼이이 총 쓰디엔 카이스

A : 전할 말씀이 있습니까?
B : 그에게 회의는 4시부터라고 전해 주세요.

전달해 주십시오.

请你转达一下。 Qǐng nǐ zhuǎndá yíxià.
칭 니 주안다 이시아

메모를 남기고 싶습니다.

想留个条子。 Xiǎng liú ge tiáozi.
시앙 리우거 탸오즈

꼭 전해 드리겠습니다.

我一定转告他。 Wǒ yídìng zhuǎngào tā.
워 이딩 주안까오 타

저에게 전화 주세요.

给我打电话吧。 Gěi wǒ dǎ diànhuà ba.
게이 워 다 띠엔화 바

나중에 그에게 전하겠습니다.

以后一定转达给他。 Yǐhòu yídìng zhuǎndá gěi tā.
이호우 이딩 주안다 게이 타

전화

그럼 저의 말을 전해 주십시오.

那么，请你转告我的留言。
Nàme, qǐng nǐ zhuǎngào wǒ de liúyán.
나머 칭 니 주안까오 워더 리우옌

알겠습니다. 말씀대로 전해 드리겠습니다.

知道了，尊嘱给他转达。
Zhīdao le, zūnzhǔ gěi tā zhuǎndá.
쯔다오러 쭌주 게이타 주안다

당신께 바로 전화하도록 그에게 꼭 전하겠습니다.

我一定转告，让他马上给你打电话。
Wǒ yídìng zhuǎngào, ràng tā mǎshàng gěi nǐ dǎ diànhuà.
워 이딩 주안까오 랑타 마샹 게이니 다 띠엔화

그가 다시 전화 준다고 합니다.

他说要再打电话过来。
Tā shuō yào zài dǎ diànhuà guòlái.
타 슈오 야오 짜이 다 띠엔화 궈라이

돌아오시면 당신께 전화하라고 전해 드리겠습니다.

他回来，叫他给你打电话。
Tā huílái, jiào tā gěi nǐ dǎ diànhuà.
타 훼이라이 쟈오 타 게이 니 다 띠엔화

그에게 제가 이미 전화를 받았다고 전해 주세요.

告诉他我已接到了电话。
Gàosu tā wǒ yǐ jiēdào le diànhuà.
까오수 타 워 이 지에 따오러 띠엔화

제5장 5. 기타 전화 상황

주요표현

A : 您打的是什么电话号码?
Nín dǎ de shì shénme diànhuà hàomǎ?
닌 다더 스 션머 띠엔화하오마

B : 不是 987 - 6543 吗?
Bú shì jiǔ bā qī - liù wǔ sì sān ma?
부스 지우 빠 치 리우 우 쓰 싼 마

A : 몇 번에 거셨어요?
B : 987-6543 아닌가요?

잘못 거셨습니다.

你打错了。
Nǐ dǎcuò le.
니 다추오러

죄송합니다, 제가 전화를 잘못 걸었군요.

对不起, 我打错了。
Duìbuqǐ, wǒ dǎcuò le.
뛔이부치 워 다추오러

음성이 너무 작아서 잘 들리지 않습니다.

你的声音太小, 听不清楚。
Nǐ de shēngyīn tài xiǎo, tīng bu qīngchu.
니더 셩인 타이 샤오 팅부칭추

잘 안 들립니다. 천천히 말씀해 주세요.

听不清楚, 请你讲慢一点。
Tīng bu qīngchu, qǐng nǐ jiǎng màn yìdiǎn.
팅부칭추 칭 니 지앙 만이디엔

전화

여기에는 그런 사람이 없습니다.

我们这里没有这个人。

Wǒmen zhèli méiyǒu zhège rén.

워먼 쩌리 메이요우 쩌거런

누구와 통화하길 원하신다구요?

您要找谁听电话?

Nín yào zhǎo shéi tīng diànhuà?

닌 야오 자오 셰이 팅띠엔화

수신자부담으로 부탁드립니다.

按对方付款方式接通电话。

Àn duìfāng fùkuǎn fāngshì jiētōng diànhuà.

안 뚜에이팡푸콴 팡스 지에통 띠엔화

어디로 전화를 거실 건가요?

您要打到哪儿?

Nín yào dǎdào nǎr?

닌 야오 다따오 날

> 숫자 1은 전화번호, 방 호수 등에 사용될 때 '一 yī'의 중첩, '七 qī'과이 혼란을 막기 위해 '幺 yāo'로 읽는다.

한국 서울이고 전화번호는 765-4321입니다.

韩国首尔, 号码是 765-4321。

Hánguó Shǒu'ěr, hàomǎ shì qī liù wǔ - sì sān èr yāo.

한궈 쇼우얼 하오마 스 치 리우 우 쓰 싼 얼 야오

수신자 이름은 김혜민, 저는 이명덕입니다.

受话人是金惠民。我叫李明德。

Shòuhuàrén shì Jīn Huìmín. Wǒ jiào Lǐ Míngdé.

쇼우화런 스 찐훼이민 워 쟈오 리밍더

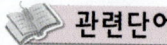 **관련단어**

전화 관련 어휘

电话	diànhuà	전화
受话人	shòuhuàrén	수신인
听筒	tīngtǒng	수화기
号码盘	hàomǎpán	전화 다이얼
手机	shǒujī	휴대전화
公用电话	gōngyòng diànhuà	공용[공중]전화
电话号码	diànhuà hàomǎ	전화번호
区域号码	qūyù hàomǎ	지역번호
内线	nèixiàn	구내전화
市内电话	shìnèi diànhuà	국내전화
国内电话	guónèi diànhuà	국내전화
长途电话	chángtú diànhuà	장거리 전화
国际电话	guójì diànhuà	국제전화
对方付款的电话	duìfāng fùkuǎn de diànhuà	콜렉트 콜
转	zhuǎn	전환하다, (전화를)돌리다
通话	tōnghuà	통화하다
转告	zhuǎngào	전달하다, 전언하다
留言	liúyán	말을 남기다, 메모
口信	kǒuxìn	전갈
回电	huídiàn	답전하다, 답전
拜拜	bàibài	빠이빠이(bye-bye)
挂断电话	guàduàn diànhuà	전화를 끊다

초대 · 방문 · 축하 6

1. 초대할 때
2. 방문할 때
3. 손님을 맞이할 때
4. 식사를 대접할 때
5. 손님을 배웅할 때
6. 축하의 표현
7. 감사의 표현
8. 신년 축하

chinese

제6장 1. 초대할 때

주요표현

A : 什么时候聚会?
Shénme shíhou jùhuì?
션머 스호우 쮜훼이

B : 下午七点。
Xiàwǔ qī diǎn.
시아우 치디엔

A : 모임은 언제예요?
B : 오후 7시입니다.

오늘은 제 생일입니다. 우리집에 놀러 오세요.

今天是我的生日。请你来我家玩儿吧。
Jīntiān shì wǒ de shēngrì. Qǐng nǐ lái wǒ jiā wánr ba.
찐티엔 스 워더 셩르 칭 니 라이 워지아 왈 바

오늘 우리 집에서 파티가 있는데 참석해 주세요.

今天在我家有宴会,请你来参加一下吧。
Jīntiān zài wǒ jiā yǒu yànhuì, qǐng nǐ lái cānjiā yíxià ba.
찐티엔 짜이 워지아 요우 옌훼이 칭 니 라이 찬지아 이시아 바

파티는 몇 시에 시작하지요?

宴会几点开始?
Yànhuì jǐ diǎn kāishǐ?
옌훼이 지디엔 카이스

몇 시에 만날까요?

几点见面?
Jǐ diǎn jiànmiàn?
지디엔 지엔미엔

142

초대 · 방문 · 축하

4시는 어떠세요?

四点怎么样?

Sì diǎn zěnmeyàng?
쓰디엔 쩐머양

4시는 아마도 무리일 것입니다.

四点恐怕不行。

Sì diǎn kǒngpà bù xíng.
쓰디엔 콩파 뿌씽

> 恐怕 kǒngpà : (나쁜 결과를 예상해서) 아마 …일 것이다

시간에 댈 수 있을 겁니다.

准时到达。

Zhǔnshí dàodá.
쥰스 따오다

절대로 늦지 마세요.

千万别迟到。

Qiānwàn bié chídào.
치엔완 비에 츠따오

일찍 가서 도와 드릴까요?

早一点去帮忙好不好?

Zǎo yìdiǎn qù bāngmáng hǎo bu hǎo?
자오 이디엔 취 빵망 하오뿌하오

초대해 주셔서 감사합니다.

谢谢您请我。

Xièxie nín qǐng wǒ.
씨에시에 닌 칭 워

143

제6장 2. 방문할 때

주요표현

A : 打扰您了。
Dǎrǎo nín le.
다라오 닌러

B : 噢, 朴先生, 请进!
Ō, Piáo xiānsheng, qǐng jìn!
오 퍄오 시엔셩 칭찐

A : 실례합니다.
B : 아, 박 선생님, 어서 오세요.

여기가 김명덕 씨 댁입니까?
这是金明德先生家吗?
Zhè shì Jīn Míngdé xiānsheng jiā ma?
쩌 스 찐밍더 시엔셩 지아 마

오래 기다리셨습니다.
让你久等了。
Ràng nǐ jiǔ děng le.
랑 니 지우 덩러

늦어서 죄송합니다.
对不起, 来晚了。
Duìbuqǐ, láiwǎn le.
뛔이부치 라이 완러

때마침 잘 오셨습니다.
来得正好。
Lái de zhèng hǎo.
라이더 쩡 하오

초대 · 방문 · 축하

실례합니다. 장 선생님 뵈러 왔습니다.
打搅了，我来找张老师。
Dǎjiǎo le, wǒ lái zhǎo Zhāng lǎoshī.
다자오러 워 라이 자오 짱 라오스

이것은 저의 작은 성의입니다. 받아 주세요.
这是我的小心意，请你收下。
Zhè shì wǒ de xiǎo xīnyì, qǐng nǐ shōuxià.
쩌 스 워더 시아오씬이 칭 니 쇼우시아

저는 생일파티에 참석하려고 왔습니다.
我是来参加生日宴会的。
Wǒ shì lái cānjiā shēngrì yànhuì de.
워 스 라이 찬지아 셩르 옌훼이 더

초대해 주셔서 감사합니다.
谢谢您招待我。
Xièxie nín zhāodài wǒ.
씨에시에 닌 자오따이 워

제6장 3. 손님을 맞이할 때

A : 欢迎欢迎！请进！
Huānyíng huānyíng! Qǐng jìn!
환잉 환잉 칭찐

B : 好！那么打扰您了。
Hǎo! Nàme dǎrǎo nín le.
하오 나머 다라오 닌러

A : 환영합니다! 어서 들어오세요.
B : 예! 그러면 실례하겠습니다.

기다리고 있었습니다. 어서 오세요.
我在等着你啊，欢迎光临！
Wǒ zài děngzhe nǐ a, huānyíng guānglín!
워 짜이 덩저 니아 환잉꽝린

시간에 맞춰 오셨군요. 어서 오세요.
准时来了，欢迎欢迎！
Zhǔnshí lái le, huānyíng huānyíng!
준스 라이러 환잉 환잉

그냥 오셔도 되는데 선물까지 가져오셨어요?
你来就行了，还带什么东西?
Nǐ lái jiù xíng le, hái dài shénme dōngxi?
니 라이 찌우 씽러 하이따이 션머 똥시

와 줘셔서 기뻐요.
你能来，我真高兴。
Nǐ néng lái, wǒ zhēn gāoxìng.
니 넝 라이 워 쩐 까오싱

146

초대 · 방문 · 축하

오늘 모임에 참석해 주셔서 감사합니다.

谢谢你来参加今天的聚会。
Xièxie nǐ lái cānjiā jīntiān de jùhuì.
씨에시에 니 라이 찬지아 찐티엔더 쥐훼이

이리 오세요.

来这儿吧。 Lái zhèr ba.
라이 쩔 바

이리 앉으세요.

坐这儿吧。 Zuò zhèr ba.
쭈오 쩔 바

편히 앉으세요.

随便坐吧。 Suíbiàn zuò ba.
쒜이비엔 쭈오 바

제6장 4. 식사를 대접할 때

주요표현

A : 你要喝点儿什么?
Nǐ yào hē diǎnr shénme?
니 야오 허디얼 션머

B : 随便吧。
Suíbiàn ba.
쒜이비엔 바

A : 무엇을 마시겠어요?
B : 알아서 주세요.

어서 드세요.

快吃吧。 Kuài chī ba.
콰이 츠 바

네, 감사합니다.

好, 谢谢。 Hǎo, xièxie.
하오 씨에시에

> 중국어에는 '잘먹겠습니다.'라는 말이 없다. '谢谢'나 '我要吃了(먹겠습니다.)'라고 하면 된다.

음료수 드시겠어요?

喝不喝饮料? Hē bu hē yǐnliào?
허부허 인랴오

저는 커피를 주세요.

我要咖啡。 Wǒ yào kāfēi.
워 야오 카페이

네, 마시겠습니다. / 안 마십니다.

好, 我要喝。/ 我不喝。 Hǎo, wǒ yào hē. / Wǒ bù hē.
하오 워 야오 허 / 워 뿌 허

초대·방문·축하

와, 정말 맛있어 보이는군요.

哇，看起来很好吃。 Wā, kàn qǐlái hěn hǎochī.

와 칸치라이 헌 하오츠

밥 더 드실래요?

再来点饭吗? Zài lái diǎn fàn ma?

짜이라이 디엔 판 마

아니오, 저는 배가 불러요.

不，我吃饱了。 Bù, wǒ chībǎo le.

뿌 워 츠바오러

입에 맞으세요?

合口味吗? Hé kǒuwèi ma?

허 코웨이 마

요리 맛이 어떠세요?

菜的味道怎么样? Cài de wèidao zěnmeyàng?

차이더 웨이따오 쩐머양

매우 맛있습니다.

很好吃。 Hěn hǎochī.

헌 하오츠

아주 맛있네요. 독특한 맛이 있어요.

味道不错。有独特的味道。

Wèidao búcuò. Yǒu dútè de wèidao.

웨이따오 부추오 요우 두터더 웨이따오

149

제6장 5. 손님을 배웅할 때

주요표현

A : 那么, 我该走了。
Nàme, wǒ gāi zǒu le.
나머 워 까이 조우러

B : 请慢走。
Qǐng màn zǒu.
칭 만 조우

A : 그럼, 이만 가 보겠습니다.
B : 살펴 가세요.

시간이 늦었군요, 저는 이만 가 보겠습니다.

时间不早了, 我该走了。
Shíjiān bù zǎo le, wǒ gāi zǒu le.
스지엔 뿌 자오러 워 까이 조우러

그러면, 이만 먼저 실례하겠습니다.

那么, 这就失陪了。
Nàme, zhè jiù shīpéi le.
나머 쩌 찌우 스페이러

좀더 계시다 가시지요.

请多坐一会儿吧。
Qǐng duō zuò yíhuìr ba.
칭 뚜오 쭈오 이휠 바

또 놀러 오세요.

再来玩一玩。
Zài lái wán yi wán.
짜이 라이 완이완

초대 · 방문 · 축하

또 만나뵙기를 기대하겠습니다.

后会有期。
Hòu huì yǒuqī.
호우 훼이 요우치

나오지 마세요.

别送别送。
Bié sòng bié sòng.
비에쏭 비에쏭

> '不送'도 '别送'과 같은 뜻인데 주인이 '不送'이라고 하면 배웅을 하지 않겠다는 의미이다.

나오지 마세요.

请留步。
Qǐng liúbù.
칭 리우뿌

역까지 모셔다 드리겠습니다.

送到车站。
Sòngdào chēzhàn.
쏭따오 처짠

멀리 안 나갑니다.

不远送了。
Bù yuǎn sòng le.
뿌 위엔 쏭러

조심해서 가세요.

一路上小心。
Yílùshang xiǎoxīn.
이루샹 샤오씬

제6장 6. 축하의 표현

주요표현

A : 祝你幸福。
Zhù nǐ xìngfú.
쭈 니 씽푸

B : 谢谢你来参加我的婚礼。
Xièxie nǐ lái cānjiā wǒ de hūnlǐ.
씨에시에 니 라이 찬지아 워더 훈리

A : 당신의 행복을 기원합니다.
B : 저의 결혼식에 참석해 주셔서 감사합니다.

축하합니다.

祝贺你。　Zhùhè nǐ.
쭈허 니

축하합니다!

恭喜恭喜！　Gōngxǐ gōngxǐ!
꽁씨 꽁씨

진학을 축하합니다.

祝贺你升学。　Zhùhè nǐ shēngxué.
쭈허 니 셩쉬에

당신의 졸업을 축하합니다.

祝贺你毕业！　Zhùhè nǐ bìyè!
쭈허 니 삐예

당신의 취업을 축하합니다.

祝贺你就业。　Zhùhè nǐ jiùyè.
쭈허 니 찌우예

초대 · 방문 · 축하

그거 참 잘 되었군요. 축하합니다.
那太好了，祝贺你。 Nà tài hǎo le, zhùhè nǐ.
나 타이 하오러 쭈허 니

당신의 보배가 태어난 걸 축하합니다.
祝贺您的宝贝诞生。 Zhùhè nín de bǎobèi dànshēng.
쭈허 닌더 바오뻬이 딴셩

당신 아이의 돌을 축하합니다.
祝贺你的孩子过周岁。 Zhùhè nǐ de háizi guò zhōusuì.
쭈허 니더 하이즈 궈 조우쒜이

당신의 승진을 축하합니다.
祝贺您高升。 Zhùhè nín gāoshēng.
쭈허 닌 까오셩

개업한 것을 축하합니다.
祝贺您开业。 Zhùhè nín kāiyè.
쭈허 닌 카이예

생일축하합니다.
祝你生日快乐。
Zhù nǐ shēngrì kuàilè.
쭈 니 셩르 콰이러

어르신의 장수를 기원합니다.
祝您长命百岁。
Zhù nín chángmìng-bǎisuì.
쭈 닌 창밍 바이쒜이

제6장 7. 감사의 표현

주요표현

A : 谢谢。
Xièxie.
씨에시에

B : 不谢。
Bú xiè.
부시에

A : 감사합니다.
B : 아닙니다.

고마워.

谢了。　　　Xiè le.
씨에러

대단히 감사합니다.

非常感谢。　　Fēicháng gǎnxiè.
페이창 간씨에

충심으로 감사드립니다.

由衷地感谢您。 Yóu zhōng de gǎnxiè nín.
요우쫑더 간씨에 닌

마땅히 당신께 감사해야 합니다.

应该谢谢你。　Yīnggāi xièxie nǐ.
잉가이 씨에시에 니

감사할 것 없습니다.

不用谢。　　　Búyòng xiè.
부용시에

초대 · 방문 · 축하

여러 가지로 도와 주셔서 감사합니다.

感谢你多方帮忙。
Gǎnxiè nǐ duōfāng bāngmáng.
간씨에 니 뚜오팡 빵망

어떻게 감사해야 좋을지 모르겠습니다.

我不知道怎样感谢才好。
Wǒ bù zhīdao zěnyàng gǎnxiè cái hǎo.
워 뿌쯔따오 쩐양 간씨에 차이 하오

당신의 환대에 감사합니다.

谢谢你的款待。
Xièxie nǐ de kuǎndài.
씨에시에 니더 콴따이

아닙니다. / 별말씀을요.

不客气!
Bú kèqi!
부커치

아닙니다. 당연히 해야 할 일인걸요.

不客气, 这是我们应该做的。
Bú kèqi, zhè shì wǒmen yīnggāi zuò de.
부커치 쩌 스 워먼 잉가이 쭈오더

천만의 말씀입니다. / 별 말씀을요.

不敢当, 不敢当。
Bù gǎndāng, bù gǎndāng.
뿌 간땅 뿌 간땅

155

제6장 8. 신년 축하

주요표현

A : 新年快乐！
Xīnnián kuàilè!
씬니엔 콰이러

B : 新年好！今年也全靠您了。
Xīnnián hǎo! Jīnnián yě quán kào nín le.
씬니엔 하오 찐니엔 예 취엔카오 닌러

A : 새해 복 많이 받으세요!
B : 새해 복 많이 받으세요! 올해도 잘 부탁드려요.

새해를 축하합니다.

过年好！
Guònián hǎo!
꿔니엔 하오

> '过……好'의 중간에 축하할 명절을 넣으면 간단한 명절 인사가 된다.
> '过中秋节好！(추석을 축하합니다)'

새해에는 생각하시는 일이 잘 되기를 바랍니다!

祝你新的一年里心想事成!
Zhù nǐ xīn de yì nián lǐ xīnxiǎngshìchéng!
쭈 니 씬더 이니엔리 씬시앙스청

새해 복 많이 받으세요! 돈 많이 버세요!

新年快乐！恭喜发财！
Xīnnián kuàilè! Gōngxǐ fā cái!
씬니엔 콰이러 꽁씨 파차이

한 살 더 먹은 것을 축하해요.

祝贺你又长一岁。
Zhùhè nǐ yòu zhǎng yī suì.
쭈허 니 요우 장 이쒜이

초대 · 방문 · 축하

바라는 바 뜻대로 이루시길 바랍니다.

祝您心想事成，万事如意。
Zhù nín xīnxiǎngshìchéng, wànshì - rúyì.
쭈 닌 씬시앙스청 완스루이

당신이 새해에 행복하길 바래요.

祝你新年幸福。
Zhù nǐ xīnnián xìngfú.
쭈 니 씬니엔 씽푸

당신 가족들이 새해 복 많이 받길 기원합니다.

祝您家人新年好！
Zhù nín jiārén xīnnián hǎo!
쭈 닌 지아런 씬니엔 하오

메리 크리스마스!

圣诞节快乐!
Shèngdànjié kuàilè!
성딴지에 콰이러

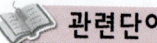 관련단어

여러 가지 맛

味道	wèidao	맛
甜	tián	달다
酸	suān	시다
苦	kǔ	쓰다
辣	là	맵다
咸	xián	짜다
浓	nóng	진하다
淡	dàn	담백하다
腻	nì	느끼하다
合口味	hé kǒuwèi	입에 맞다

주요 요리법

炒	chǎo	볶다
炸	zhá	튀기다
煎	jiān	지지다
煮	zhǔ	삶다
蒸	zhēng	찌다

여러 가지 요리

米饭	mǐfàn	쌀밥
炒饭	chǎofàn	볶음밥
豆腐	dòufu	두부
麻婆豆腐	mápódòufu	마파두부
宫保鸡丁	gōngbǎojīdīng	닭고기 땅콩볶음
涮羊肉	shuànyángròu	양고기 샤브샤브

北京烤鸭	Běijīng kǎoyā	북경 오리구이
排骨汤	páigǔtāng	갈비탕
牛排	niúpái	스테이크, 갈비
粥	zhōu	죽
鱼香肉丝	yúxiāngròusī	어향육사
牛肉汤面	niúròutāngmiàn	우육탕면

음료

酒水	jiǔshuǐ	음료와 술
饮料	yǐnliào	음료
酒	jiǔ	술
矿泉水	kuàngquánshuǐ	광천수
白开水	báikāishuǐ	(아무것도 넣지 않은) 끓인 물
牛奶	niúnǎi	우유
果汁	guǒzhī	과일주스
酸奶	suānnǎi	요구르트
咖啡	kāfēi	커피
可口可乐	kěkǒu kělè	코카콜라
百事可乐	bǎishì kělè	펩시콜라
雪碧	xuěbì	스프라이트
汽水	qìshuǐ	사이다
芬达	fēndá	환타
健力宝	jiànlìbǎo	젠리바오(중국 환타)
冰淇淋	bīngqílín	아이스크림

중국의 차

绿茶	lǜchá	녹차

관련단어

龙井茶	lóngjǐngchá	용정차, 녹차의 한 종류
红茶	hóngchá	홍차
乌龙茶	wūlóngchá	오룡차
白茶	báichá	백차
花茶	huāchá	화차
茉莉花茶	mòlìhuāchá	자스민차, 화차의 일종

중국의 명절 · 기념일

春节	Chūnjié	춘절(음력 1월 1일)
清明节	Qīngmíngjié	청명절(4월 5일)
端午节	Duānwǔjié	단오절(음력 5월 5일)
中秋节	Zhōngqiūjié	중추절(음력 8월 15일)
劳动节	Láodòngjié	노동절(5월 1일)
儿童节	Értóngjié	아동절(6월 1일)
国庆节	Guóqìngjié	국경일(10월 1일)
圣诞节	Shèngdànjié	성탄절(12월 15일)

쇼핑 · 식사 7

1. 물건을 고를 때 ①
2. 물건을 고를 때 ②
3. 수퍼에서 물건 구입
4. 가격 흥정하기
5. 물건 값 계산, 포장
6. 교환 · 반품
7. 식사
8. 패스트푸드 · 분식
9. 맛에 대한 표현
10. 술을 마실 때
11. 식사 시의 기타 요청
12. 식사비 계산하기

제7장 1. 물건을 고를 때 ①

주요표현

A : 能不能看一下那个黑皮鞋?
Néng bu néng kàn yíxià nàge hēi píxié?
넝뿌넝 칸 이시아 나거 헤이피시에

B : 可以, 您看看吧。
Kěyǐ, nín kànkan ba.
커이 닌 칸칸 바

A : 그 검은 구두를 보여 주실 수 있습니까?
B : 그러세요. 보십시오.

실례합니다.

打搅你了。 Dǎjiǎo nǐ le.
다자오 니러

물건을 사실 건가요?

要买东西吗? Yào mǎi dōngxi ma?
야오 마이 똥시 마

무엇을 찾으십니까?

您找什么? Nín zhǎo shénme?
닌자오 션머

이것은 견본입니다.

这是样品。 Zhè shì yàngpǐn.
쩌스 양핀

이것은 어떻습니까?

这个怎么样? Zhège zěnmeyàng?
쩌거 쩐머양

쇼핑·식사

여기에서 치파오를 팝니까?

这里卖旗袍吗? Zhèlǐ mài qípáo ma?
쩌리 마이 치파오 마

저는 디지털 카메라를 사려고 합니다.

我想买一台数码相机。 Wǒ xiǎng mǎi yì tái shùmǎ xiāngjī.
워 시앙 마이 이타이 슈마시앙지

스카프는 어디에서 팝니까?

围巾在哪儿卖呢? Wéijīn zài nǎr mài ne?
웨이찐 짜이 날 마이 너

남성용입니까, 여성용입니까?

是男式还是女式? Shì nánshì háishi nǚshì?
스 난스 하이스 뉘스

될 수 있으면 심플한 것이 좋습니다.

要尽量选择素点的。 Yào jǐnliàng xuǎnzé sù diǎn de.
야오 찐량 쉬엔저 쑤디엔더

프랑스 샤넬 향수 있습니까?

有法国香奈儿香水吗? Yǒu Fǎguó Xiāngnài'ér xiāngshuǐ ma?
요우 파궈 시앙나이얼 시앙쉐이 마

죄송하지만 지금 없습니다, 품절입니다.

很抱歉，现在没有，卖完了。
Hěn bàoqiàn, xiànzài méiyǒu, màiwán le.
헌빠오치엔 시엔짜이 메이요우 마이완러

제7장 2. 물건을 고를 때 ②

주요표현

A : 没有别的颜色吗?
Méiyǒu bié de yánsè ma?
메이요우 비에더 옌써 마

B : 有, 这里有黑的和红的。
Yǒu, zhèli yǒu hēi de hé hóng de.
요우, 쩌리 요우 헤이더 허 홍더

A : 다른 색은 없습니까?
B : 있습니다, 여기 검은 것과 빨간 것이 있습니다.

다른 것이 있습니까?

还有别的吗? Hái yǒu bié de ma?
하이요우 비에더 마

아래 것을 보여 주세요.

给我看看下边的。 Gěi wǒ kànkan xiàbian de.
게이 워 칸칸 시아비엔더

흰 것을 하나 주세요.

给我一个白的吧。 Gěi wǒ yí ge bái de ba.
게이 워 이거 바이더 바

너무 커요.

太大了。 Tài dà le.
타이 따러

사이즈가 안 맞아요.

号码不对。 Hàomǎ bú duì.
하오마 부뚜이

쇼핑·식사

꽉 껴서 입을 수가 없습니다.

太瘦, 没法穿。 Tài shòu, méi fǎ chuān.
타이 쇼우 메이파 추안

이 옷은 저에게 조금 작습니다.

这件对我小一点。 Zhè jiàn duì wǒ xiǎo yìdiǎn.
쩌지엔 뚜이 워 샤오 이디엔

이것은 몇 호인가요?

这个多少号的? Zhège duōshao hào de?
쩌거 뚜오샤오 하오더

이것보다 큰 것[작은 것] 있습니까?

有没有比这个大的[小的]?
Yǒu méiyǒu bǐ zhège dà de [xiǎo de]?
요우메이요우 비 쩌거 따디 [샤오더]

이 디자인으로 빨간색 있습니까?

这个样子有红色的吗?
Zhège yàngzi yǒu hóngsè de ma?
쩌거 양즈 요우 홍써더 마

네, 이것입니다. 입어 보세요.

有, 是这个, 试一下吧。 Yǒu, shì zhège, shì yíxià ba.
요우 스 쩌거 스이시아 바

크지도 작지도 않고 딱 맞네요. 저는 이것을 한 벌 사겠습니다.

不大也不小正合身, 我买这一件。
Bú dà yě bù xiǎo zhèng héshēn, wǒ mǎi zhè yí jiàn.
부따 예 뿌샤오 쩡 허션 워 마이 쩌 이지엔

165

제7장 3. 수퍼에서 물건 구입

주요표현

A : 有矿泉水吗?
Yǒu kuàngquánshuǐ ma?
요우 쾅취엔쉐이 마

B : 有, 你买几瓶?
Yǒu, nǐ mǎi jǐ píng?
요우 니 마이 지핑

A : 생수(광천수) 있습니까?
B : 있습니다. 몇 병 드릴까요?

담배 한 갑 주세요.

我买一盒香烟。　Wǒ mǎi yì hé xiāngyān.

워 마이 이허 시앙옌

코카콜라 있습니까?

有可口可乐吗?　Yǒu kěkǒu kělè ma?

요우 커코우커러 마

칭다오 맥주를 주세요.

请给我青岛啤酒。　Qǐng gěi wǒ Qīngdǎo píjiǔ.

칭 게이 워 칭다오 피지우

한 캔에 얼마입니까?

一罐多少钱?　Yī guàn duōshao qián?

이꾸안 뚜오샤오 치엔

저는 얼린 것을 원합니다.

我要冰镇的。　Wǒ yào bīngzhèn de.

워 야오 삥쩐더

쇼핑·식사

사과는 한 근에 얼마인가요?

苹果多少钱一斤?

Píngguǒ duōshao qián yì jīn?
핑궈 뚜오샤오 치엔 이찐

> 중국의 한 근은 500g이다. kg은 '公斤 gōngjīn'이라고 한다.

이것은 어떻게 팝니까?

这个怎么卖?

Zhège zěnme mài?
쩌거 쩐머 마이

맛을 봐도 되겠습니까?

可以尝一下吗?

Kěyǐ cháng yíxià ma?
커이 챵 이시아 마

싸게 주면 많이 사고 비싸면 조금 사겠습니다.

便宜了我多买, 不便宜我少买。

Piányi le wǒ duō mǎi, bù piányi wǒ shǎo mǎi.
피엔이러 워 뚜오 마이 뿌피엔이 워 샤오 마이

싸게 주시면 다음에 또 올게요.

你给便宜点, 我下次再来。

Nǐ gěi piányi diǎn, wǒ xiàcì zài lái.
니 게이 피엔이디엔 워 시아츠 짜이라이

제가 고르겠습니다.

我自己挑。

Wǒ zìjǐ tiāo.
워 쯔지 탸오

167

제7장 4. 가격 흥정하기

주요표현

A : 我要买纪念品，多少钱?
Wǒ yào mǎi jìniànpǐn, duōshao qián?
워 야오 마이 찌니엔핀 뚜오샤오치엔

B : 五十块钱。
Wǔshí kuài qián.
우스 콰이치엔

A : 기념품을 사려고 합니다. 얼마입니까?
B : 50 위안입니다.

이건 얼마입니까?

这个多少钱? Zhège duōshao qián?
쩌거 뚜오샤오치엔

하나에 얼마입니까?

多少钱一个? Duōshao qián yí ge?
뚜오샤오치엔 이거

따로따로 팝니까?

单个分开卖吗? Dān ge fēnkāi mài ma?
딴거 펀카이 마이 마

모두 해서 얼마입니까?

一共多少钱? Yígòng duōshao qián?
이꿍 뚜오샤오치엔

싸게 해 주실 수 있습니까?

能便宜一点儿吗? Néng piányi yìdiǎnr ma?
넝 피엔이 이디얼 마

쇼핑·식사

이것보다 더 싼 것 있나요?
有没有比这个更便宜的?
Yǒu méiyǒu bǐ zhège gèng piányi de?
요우메이요우 비 쩌거 껑 피엔이더

비싸군요. 싸게 해 주실 수 있습니까?
贵啊, 可以便宜一点儿吗?
Guì a, Kěyǐ piányi diǎnr ma?
꿰이 아 커이 피엔이 이디얼 마

10% 할인해서 270위안에 드리겠습니다.
给您打九折, 二百七十块钱。
Gěi nín dǎ jiǔ zhé, èrbǎi qīshí kuài qián.
게이 닌 다 지우저 얼바이치스 콰이치엔

더 싸게 해 주세요.
再便宜一点儿吧。
Zài piányi yìdiǎnr ba.
짜이 피엔이 이디얼 바

이게 딱 좋겠군요. 이것을 사겠습니다.
这个正合适, 就买这个。
Zhège zhèng héshì, jiù mǎi zhège.
쩌거 쩡 허스 찌우 마이 쩌거

생각해 보고 다시 와서 사겠습니다.
好好考虑后再过来买。
Hǎohāo kǎolǜ hòu zài guòlái mǎi.
하오하오 카오뤼 호우 짜이 궈라이 마이

제7장 5. 물건 값 계산, 포장

주요표현

A : 能用信用卡吗?
Néng yòng xìnyòngkǎ ma?
넝 용 씬용카 마

B : 没有现金, 刷卡也可以。
Méiyǒu xiànjīn, shuākǎ yě kěyǐ.
메이요우 씨엔찐 슈아카 에 커이

A : 신용카드 쓸 수 있습니까?
B : 현금이 없으면 카드도 괜찮습니다.

보증서는 있습니까?

有没有保证书? Yǒu méiyǒu bǎozhèngshū?
요우메이요우 바오쩡슈

저는 현금으로 지불합니다.

我付现金。 Wǒ fù xiànjīn.
워 푸 씨엔찐

영수증을 주세요.

请给我发票。 Qǐng gěi wǒ fāpiào.
칭 게이워 파퍄오

계산이 틀렸습니다.

你算错了吧。 Nǐ suàncuò le ba.
니 쑤안 추오러 바

다시 계산해 보세요.

请再算一遍。 Qǐng zài suàn yí biàn.
칭 짜이 쑤안 이비엔

쇼핑·식사

계산서를 주세요. 확인해 보겠습니다.
请把帐单给我确认一下。
Qǐng bǎ zhàngdān gěi wǒ quèrèn yíxià.
칭 바 짱딴 게이워 취에런 이시아

인민폐가 없는데 달러도 됩니까?
人民币没有了, 美元可以吗?
Rénmínbì méiyǒu le, měiyuán kěyǐ ma?
런민삐 메이요우러 메이위엔 커이 마

저는 잔돈이 없습니다.
我没带零钱。
Wǒ méi dài língqián.
워 메이따이 링치엔

봉투 하나 주세요.
给我一个袋子吧。
Gěi wǒ yí ge dàizi ba.
게이워 이거 따이즈 바

하나씩 싸 주세요.
请一个个包装吧。
Qǐng yí ge ge bāozhuāng ba.
칭 이거거 빠오주앙 바

선물이니까 잘 포장해 주세요.
这是礼物, 请包装得好一点儿。
Zhè shì lǐwù, qǐng bāozhuāng de hǎo yìdiǎnr.
쩌 스 리우 칭 빠오주앙더 하오 이디얼

171

제7장 6. 교환·반품

주요표현

A : 我要求退货。
Wǒ yāoqiú tuìhuò.
워 야오치우 퉤이훠

B : 你可以换一个别的。
Nǐ kěyǐ huàn yí ge bié de.
니 커이 환 이거 비에더

A : 저는 반품하려고 합니다.
B : 다른 것으로 교환할 수 있습니다.

반품할 수 있나요?

可以退货吗?

Kěyǐ tuìhuò ma?
커이 퉤이훠 마

저는 다른 것으로 교환하려고 합니다.

我要退换成别的。

Wǒ yào tuìhuàn chéng bié de.
워 야오 퉤이환 청 비에더

왜 반품해 주지 않습니까?

为什么不给退货?

Wèishénme bù gěi tuìhuò?
웨이선머 뿌 게이 퉤이훠

반품, 교환이 된다고 하지 않았나요?

你不是说可以包退包换吗?

Nǐ bú shì shuō kěyǐ bāotuì bāohuàn ma?
니 부스슈오 커이 빠오퉤이 빠오환 마

쇼핑·식사

물건이 좋지 않아서 반품합니다.

该商品质量不好, 所以要求退货。

Gāi shāngpǐn zhìliàng bù hǎo, suǒyǐ yāoqiú tuìhuò.
까이 샹핀 쯔량 뿌하오 쑤오이 야오치우 퉤이훠

사용하지 않았다면 반품이 가능합니까?

如果没有使用, 可以退货吗?

Rúguǒ méiyǒu shǐyòng, kěyǐ tuìhuò ma?
루궈 메이요우 스용 커이 퉤이훠 마

물건에 하자가 있어서 반품하려고 합니다.

东西有毛病, 我要求退货。

Dōngxi yǒu máobìng, wǒ yāoqiú tuìhuò.
똥시 요우 마오삥 워 야오치우 퉤이훠

고객 변심에 의한 반품은 안 됩니다.

不可因顾客变心而退货。

Bù kě yīn gùkè biànxīn ér tuìhuò.
뿌 커 인 꾸커 삐엔씬 얼 퉤이훠

물건에 이상이 있으면 환불이 가능합니다.

如果东西有毛病, 可以退货。

Rúguǒ dōngxi yǒu máobìng kěyǐ tuìhuò.
루궈 똥시 요우 마오삥 커이 퉤이훠

제7장 7. 식사

> A : 欢迎光临！请进来。
> Huānyíng guānglín! Qǐng jìnlái.
> 환잉꽝린 칭 찐라이
>
> B : 我们要靠窗的座位。
> Wǒmen yào kào chuāng de zuòwèi.
> 워먼 야오 카오 추앙더 쭈오웨이
>
> A : 환영합니다! 어서 들어오세요.
> B : 우리는 창가 자리를 주세요.

지금 만석입니다.

现在满座了。 Xiànzài mǎnzuò le.
씨엔짜이 만쭈오 러

어느 정도 기다려야 합니까?

得等多长时间？ Děi děng duō cháng shíjiān?
데이 덩 뚜오창 스지엔

이쪽으로 오십시오.

请到这边来。 Qǐng dào zhèbiān lái.
칭 따오 쩌비엔 라이

지금 주문하시겠어요?

现在点菜吗？ Xiànzài diǎn cài ma?
씨엔짜이 디엔차이 마

메뉴를 보여 주세요.

给我看菜单吧。 Gěi wǒ kàn càidān ba.
게이워 칸 차이딴 바

쇼핑·식사

붉은 와인을 주세요.

要红葡萄酒。
Yào hóng pútaojiǔ.
야오 훙푸타오지우

음료수는 어떤 것이 있습니까?

有什么饮料?
Yǒu shénme yǐnliào?
요우 션머 인랴오

이 식당의 추천 요리는 뭡니까?

这个饭店的拿手菜是什么?
Zhège fàndiàn de náshǒucài shì shénme?
쩌거 판띠엔더 나쇼우차이 스 션머

무슨 안주를 주문하시겠습니까?

要点什么下酒菜呢?
Yào diǎn shénme xiàjiǔcài ne?
야오 디엔 션머 시아지우차이 너

위스키 한 잔과 땅콩 한 접시 주세요.

要一杯威士忌, 一盘花生米。
Yào yì bēi wēishìjì, yì pán huāshēngmǐ.
야오 이뻬이 웨이스지 이판 화셩미

북경 오리구이와 마파두부 주세요.

要北京烤鸭和麻婆豆腐。
Yào Běijīng kǎoyā hé mápó dòufu.
야오 베이징카오야 허 마포또우푸

175

제7장 8. 패스트푸드 · 분식

주요표현

A : 要吃点什么?
Yào chī diǎn shénme?
야오 츠디엔 션머

B : 要三碗水饺。
Yào sān wǎn shuǐjiǎo.
야오 싼완 쉐이쟈오

A : 무엇을 드시겠습니까?
B : 물만두 세 그릇 주세요.

몇 분이십니까?

有几位? Yǒu jǐ wèi?
요우 지웨이

이리로 오십시오.

请到这边来。 Qǐng dào zhèbiān lái.
칭 따오 쩌비엔 라이

햄버거 주세요.

请给我汉堡包。 Qǐng gěi wǒ hànbǎobāo.
칭 게이워 한바오빠오

저에게 세트메뉴를 주세요.

给我一份套餐。 Gěi wǒ yí fèn tàocān.
게이워 이펀 타오찬

콜라 리필은 무료인가요?

再增加可乐, 免费吗? Zài zēngjiā kělè, miǎnfèi ma?
짜이 쩡지아 커러 미엔페이 마

쇼핑·식사

요리가 아직 다 안 되었습니다.

菜还没做好。 Cài hái méi zuòhǎo.
차이 하이메이 쭈오하오

국수 있습니까?

有面条儿吗? Yǒu miàntiáor ma?
요우 미엔탸올 마

포자만두 1근 주세요.

我买一斤包子。 Wǒ mǎi yì jīn bāozi.
워 마이 이진 빠오즈

고수를 넣지 마세요.

请不要香菜。 Qǐng bú yào xiāngcài.
칭 부야오 시앙차이

전병, 꽈배기 튀김, 양꼬치가 있습니다.

有煎饼、油条和羊肉串儿。
Yǒu jiānbing, yóutiáo hé yángròuchuànr.
요우 지엔빙 요우탸오 허 양로우추알

포장해 주세요. 가지고 갈 것입니다.

请给我打包一下,我要拿走。
Qǐng gěi wǒ dǎbāo yíxià, wǒ yào názǒu.
칭 게이워 다빠오 이시아 워 야오 나조우

네, 잠시만 기다려 주십시오.

好,请稍等一下。
Hǎo, qǐng shāo děng yíxià.
하오 칭 샤오 덩이시아

제7장 9. 맛에 대한 표현

주요표현

A : 你喜欢吃辣的吗?
Nǐ xǐhuan chī là de ma?
니 씨환 츠 라더 마

B : 是, 喜欢吃辣的。
Shì, xǐhuan chī là de.
스 씨환 츠 라더

A : 당신은 매운 것 먹기를 좋아하나요?
B : 네, 매운 것을 즐겨 먹습니다.

맛이 좋습니다.

味道不错。 Wèidao búcuò.

웨이따오 부추오

맛이 그럭저럭 좋습니다.

味道还不错。 Wèidao hái búcuò.

웨이따오 하이 부추오

조금 싱겁습니다.

稍淡一些。 Shāo dàn yìxiē.

샤오 딴 이시에

아주 맛이 담백합니다.

味道挺清新。 Wèidao tǐng qīngxīn.

웨이따오 팅 칭씬

맛이 없네요.

不怎么好吃。 Bù zěnme hǎochī.

뿌 쩐머 하오츠

쇼핑·식사

저의 입맛에는 맛지 않습니다.

不合我的口味。 Bù hé wǒ de kǒuwèi.

뿌 허 워더 코우웨이

기름진 것은 좋아하지 않습니다.

不喜欢吃油腻的。 Bù xǐhuan chī yóunì de.

뿌 씨환 츠 요우니더

저는 중국요리를 아주 좋아합니다.

我很喜欢吃中国菜。

Wǒ hěn xǐhuan chī Zhōngguócài.

워 헌 씨환 츠 쭝궈차이

당신은 중국 사탕을 좋아하세요?

你喜欢中国糖块儿吗?

Nǐ xǐhuan Zhōngguó tángkuàir ma?

니 씨환 쭝궈 탕쾰 마

좋아하지 않아요, 너무 달아요.

不喜欢, 太甜了。

Bù xǐhuan, tài tián le.

뿌 씨환 타이 티엔러

179

제7장

10. 술을 마실 때

주요표현

A : 我敬您一杯。
Wǒ jìng nín yì bēi.
워 찡 닌 이뻬이

B : 谢谢。只倒半杯就可以了。
Xièxie. Zhǐ dào bàn bēi jiù kěyǐ le.
씨에시에 즈 따오 빤뻬이 찌우 커이러

A : 제가 한 잔 따라 드리지요.
B : 감사합니다. 반 잔만 따라 주시면 됩니다.

그는 취했습니다.

他醉了。 Tā zuì le.
타 쭈에이러

저는 알아서 마시겠습니다.

请随意。 Qǐng suíyì.
칭 쑤에이이

> 상대가 건배를 청할 경우 다 마시지 못할 것 같으면 '알아서 마시겠다'는 표시를 한다.

술을 좋아하세요?

你爱喝酒吗? Nǐ ài hē jiǔ ma?
니 아이 허지우 마

당신은 어느 정도 마실 수 있습니까?

你能喝多少? Nǐ néng hē duōshao?
니 넝 허 뚜오샤오

한 잔 더 어떠세요?

你再来一杯怎么样? Nǐ zài lái yì bēi zěnmeyàng?
니 짜이라이 이뻬이 쩐머양

쇼핑·식사

우리들의 우정을 위해, 건배!
为了我们的友谊, 干杯!
Wèile wǒmen de yǒuyì, gānbēi!
웨이러 워먼더 요우이 깐뻬이

장 형, 술이 매우 센 것 같군요.
老张, 看来酒量很大呀。
Lǎo Zhāng, kànlái jiǔliàng hěn dà ya.
라오 짱 칸라이 지우량 헌 따 야

됐습니다. 저는 더 이상 못 마십니다.
够了。我不能再喝了。
Gòu le. Wǒ bù néng zài hē le.
꺼우러 워 뿌넝 짜이 허러

당신은 그 술집에 자주 가십니까?
你常去那个酒店吗?
Nǐ cháng qù nàge jiǔdiàn ma?
니 창취 나거 지우띠엔 마

저는 그 술집에 자주 가지 않습니다.
我不常去那个酒店。
Wǒ bù cháng qù nàge jiǔdiàn.
워 뿌 창취 나거 지우띠엔

저는 그 술집에 자주 갑니다.
我常去那个酒店。
Wǒ cháng qù nàge jiǔdiàn.
워 창취 나거 지우띠엔

제7장 11. 식사 시의 기타 요청

주요표현

A : 再来一杯开水吧。
Zài lái yì bēi kāishuǐ ba.
짜이 라이 이뻬이 카이쉐이 바

B : 好的。马上拿来。
Hǎode. Mǎshàng nálái.
하오더 마샹 나라이

A : 따뜻한 물도 한 잔 가져다 주세요.
B : 알겠습니다. 곧 가져다 드리겠습니다.

젓가락을 떨어뜨렸습니다.

筷子掉地上了。 Kuàizi diào dìshang le.
콰이즈 땨오 띠샹러

냅킨 몇 장 가져다 주세요.

给我拿几张餐巾纸。 Gěi wǒ ná jǐ zhāng cānjīnzhǐ.
게이 워 나 지장 찬진즈

저기요, 작은 접시를 가져다 주세요.

喂,请拿小碟子来。 Wèi, qǐng ná xiǎo diézi lái.
웨이 칭 나 샤오디에즈 라이

요리에 벌레가 있습니다.

菜里有虫子呀。 Cài lǐ yǒu chóngzi ya.
차이 리 요우 총즈 야

이것은 제가 주문한 것이 아닙니다.

这不是我点的菜。 Zhè bú shì wǒ diǎn de cài.
쩌 부스 워 디엔더 차이

쇼핑·식사

요리를 바꿔 주세요. 이게 뭡니까!

给我换一盘，这是什么呀！
Gěi wǒ huàn yì pán, zhè shì shénme ya!
게이 워 환 이판 쩌 스 션머 야

이것을 어떻게 먹는지 알려 주세요.

请教我这个怎么吃。
Qǐng jiāo wǒ zhège zěnme chī.
칭 쟈오 워 쩌거 쩐머 츠

식사 후에는 어떤 디저트가 있습니까?

饭后都有什么茶点？
Fàn hòu dōu yǒu shénme chádiǎn?
판 호우 또우 요우 션머 차디엔

중국 식당에서 식사를 하다 보면 이빨이 빠진 그릇이나 찻잔에 요리와 차를 내오는 경우를 종종 볼 수 있다. 우리나라에서는 이가 나간 그릇을 사용하는 것을 꺼리지만 중국에서는 오랜 기간, 그만큼 많은 손님이 많이 다녀 간 전통을 알려주는 상징으로 생각한다.

제7장 12. 식사비 계산하기

주요표현

A : 结帐吧。
Jiézhàng ba.
지에짱 바

B : 菜的味道怎么样?
Cài de wèidao zěnmeyàng?
차이더 웨이따오 쩐머양

A : 계산해 주세요.
B : 요리 맛은 어떠셨어요?

어디서 계산하면 되나요?
在哪儿结帐呢? Zài nǎr jiézhàng ne?
짜이 날 지에짱 너

오늘은 제가 사겠습니다
今天我请客。 Jīntiān wǒ qǐngkè.
찐티엔 워 칭커

계산이 틀렸습니다.
算错了。 Suàncuò le.
쑤안 추오러

저에게 영수증을 주세요.
请给我发票。 Qǐng gěi wǒ fāpiào.
칭 게이워 파퍄오

아주 맛있었어요.
挺好吃的。 Tǐng hǎochī de.
팅 하오츠더

쇼핑·식사

누가 계산합니까?

由谁付款? Yóu shéi fù kuǎn?

요우 셰이 푸콴

각자 부담으로 합니다.

各付各的。 Gè fù gè de.

꺼푸 꺼더

전부 300위안입니다. 감사합니다.

一共三百块钱, 谢谢。

Yígòng sānbǎi kuài qián, xièxie.
이공 싼바이 콰이치엔 씨에시에

저와 그의 계산을 같이 해 주세요.

我和他的算在一起。

Wǒ hé tā de suàn zài yìqǐ.
워 허 타더 쑤안 짜이 이치

저와 그의 계산을 따로 해 주세요.

我和他的另外算。

Wǒ hé tā de lìngwài suàn.
워 허 타더 링와이 쑤안

관련단어

의류의 명칭

衣服	yīfu	옷, 의복
T恤衫	T xùshān	T셔츠
西装	xīzhuāng	양복
牛仔裤	niúzǎikù	청바지
裤子	kùzi	바지
裙子	qúnzi	치마
连衣裙	liányīqún	원피스
毛衣	máoyī	스웨터
大衣	dàyī	오버코트
夹克	jiākè	점퍼, 자켓
衬衫	chènshān	드레스셔츠
背心	bèixīn	런닝셔츠, 조끼
内裤	nèikù	팬티
乳罩	rǔzhào	브래지어
袜子	wàzi	양말
丝袜	sīwà	스타킹
领带	lǐngdài	넥타이
帽子	màozi	모자
中山装	zhōngshānzhuāng	중산장, 인민복
旗袍	qípáo	치파오, 중국 전통 의상
试穿	shìchuān	입어보다, 가봉하다

색깔

颜色	yánsè	색깔
红色	hóngsè	빨간색

黄色	huángsè	노란색
绿色	lǜsè	녹색
天蓝色	tiānlánsè	하늘색
紫色	zǐsè	자주색
灰色	huīsè	회색
白色	báisè	흰색
黑色	hēisè	검은색
浓	nóng	짙다
淡	dàn	색이 옅다

식사 관련 어휘

菜	cài	음식, 요리
喝	hē	마시다
吃	chī	먹다
早饭	zǎofàn	아침식사
午饭	wǔfàn	점심식사
晚饭	wǎnfàn	저녁식사
自助餐	zìzhùcān	뷔페 식사
菜单	càidān	메뉴, 식단
餐厅	cāntīng	식당
中国菜	Zhōngguócài	중국음식
拿手菜	náshǒucài	제일 잘하는 요리
招牌菜	zhāopáicài	간판음식, 전문음식
点菜	diǎn cài	음식을 주문하다
吃饱	chībǎo	배가 부르다
结帐	jiézhàng	계산하다
AA制	AA zhì	각자 계산하다

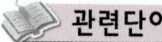 **관련단어**

중국의 8대 명주

茅台液	máotáijiǔ	마오타이주
汾酒	fénjiǔ	분주
五粮液	wǔliángyè	오량액
竹叶青酒	zhúyèqīngjiǔ	죽엽청주
洋河大曲	Yánghé dàqū	양하대곡
泸州特曲	Lúzhōu tèqū	노주특곡
古井贡酒	gǔjǐng gòngjiǔ	고정공주
董酒	dǒngjiǔ	동주

술 관련 어휘

啤酒	píjiǔ	맥주
扎啤	zhāpí	생맥주
生啤酒	shēngpíjiǔ	생맥주
威士忌	wēishìjì	위스키
下酒菜	xiàjiǔcài	술안주
肉干	ròugān	육포, 말린고기
花生	huāshēng	땅콩
海量	hǎiliàng	주당, 술고래 (긍정적 의미)
酒鬼	jiǔguǐ	술꾼, 술고래 (부정적 의미)
酒吧	jiǔbā	서양식 술집, 바(음역)

교통 8

1. 길을 물을 때
2. 길을 안내할 때
3. 버스를 이용할 때
4. 지하철을 이용할 때
5. 열차를 이용할 때
6. 택시를 이용할 때
7. 비행기 기내에서

chinese

제8장 1. 길을 물을 때

> A : 这是前门大街吗?
> Zhè shì Qiánmén Dàjiē ma?
> 쩌 스 치엔먼따지에 마
>
> B : 不, 这是西单市场。
> Bù, zhè shì Xīdān Shìchǎng.
> 뿌 쩌 스 씨단스창
>
> A : 여기가 전문대로입니까?
> B : 아닙니다. 여기는 시단시장입니다.

말씀 좀 묻겠습니다.

请问一下。 Qǐngwèn yíxià.

칭원 이시아

저는 남경로에 가려고 합니다.

我要去南京路。 Wǒ yào qù Nánjīng Lù.

워 야오 취 난징루

(만리)장성은 어떻게 가지요?

去长城怎么走? Qù Chángchéng zěnme zǒu?

취 창청 쩐머 조우

지금 이 주소를 찾고 있습니다.

正在找这个地址。 Zhèngzài zhǎo zhège dìzhǐ.

쩡짜이 자오 쩌거 띠즈

어떻게 가는 게 가장 좋지요?

怎么去最好呢? Zěnme qù zuì hǎo ne?

쩐머 취 쭈에이 하오 너

교통

걸어가면 얼마나 걸립니까?

走多长时间就能到?

Zǒu duō cháng shíjiān jiù néng dào?

조우 뚜오창 스지엔 찌우 넝 따오

길을 잃어버렸어요. 여기가 어디입니까?

迷路了,这是什么地方?

Mílù le, zhè shì shénme dìfang?

미루러 쩌 스 션머 띠팡

약도를 그려 주시지 않겠습니까?

能给我画一张略图吗?

Néng gěi wǒ huà yì zhāng lüètú ma?

넝 게이워 화 이장 뤼에투 마

이 지도에 표시를 해 주시겠습니까?

能不能在这个地图上做个标记?

Néng bu néng zài zhège dìtú shang zuò ge biāojì?

넝뿌넝 짜이 쩌거 띠투샹 쭈오거 빠오지

호텔로 돌아가고 싶습니다. 저는 베이징 호텔에 묵고 있습니다.

我想回饭店去,我住在北京饭店。

Wǒ xiǎng huí fàndiàn qù, wǒ zhù zài Běijīng Fàndiàn.

워 시앙 훼이 판디엔 취 워 쭈짜이 베이징판디엔

191

제8장 2. 길을 안내할 때

주요표현

A : 请问, 这附近有新华书店吗?
Qǐngwèn, zhè fùjìn yǒu Xīnhuá Shūdiàn ma?
칭원 쩌 푸진 요우 씬화슈디엔 마

B : 往右拐第三个建筑物就是。
Wǎng yòu guǎi dì sān ge jiànzhùwù jiù shì.
왕 요우과이 띠싼거 찌엔주우 찌우스

A : 말씀 좀 묻겠습니다. 이 근처에 신화서점이 있습니까?
B : 모퉁이를 오른쪽으로 돌아 세 번째 건물입니다.

이쪽 방향입니까?

是这个方向吗?
Shì zhège fāngxiàng ma?
스 쩌거 팡시앙 마

어떻게 가야할지 모르겠습니다.

不知道怎么走。
Bù zhīdao zěnme zǒu.
뿌쯔다오 쩐머 조우

막다른 골목에 있습니다.

在死胡同里。
Zài sǐhútòng lǐ.
짜이 쓰후통리

이 길의 맞은편입니다.

在这条路的对面。
Zài zhè tiáo lù de duìmiàn.
짜이 쩌탸오 루더 뛔이미엔

교통

길을 건너세요.

过马路吧。

Guò mǎlù ba.
꿔 마루 바

좌측으로 꺾어지는 겁니까?

往左拐吗?

Wǎng zuǒ guǎi ma?
왕 주오과이 마

북해공원은 어디 있습니까?

北海公园在哪儿?

Běihǎi Gōngyuán zài nǎr?
베이하이 꽁위엔 짜이 날

이 길을 따라서 쭉 가시면 됩니다.

沿着这条路一直走就到了。

Yánzhe zhè tiáo lù yìzhí zǒu jiù dào le.
옌저 쩌탸오루 이즈 조우 찌우 따오러

제8장 3. 버스를 이용할 때

> A : 去动物园在哪一站下车?
> Qù dòngwùyuán zài nǎ yí zhàn xià chē?
> 취 똥우위엔 짜이 나이짠 시아처
>
> B : 第七站下车。
> Dì-qī zhàn xià chē.
> 띠 치짠 시아처
>
> A : 동물원에 가려면 어느 정거장에서 내려야 합니까?
> B : 7번째 정류장에서 내리세요.

버스 정거장은 어디입니까?
公共汽车站在哪儿?
Gōnggòng qìchēzhàn zài nǎr?
꽁꽁치처쩐 짜이 날

도심까지 가는 버스는 있습니까?
有去市中心的公共汽车吗?
Yǒu qù shìzhōngxīn de gōnggòng qìchē ma?
요우 취 스쫑씬더 꽁꽁치처 마

천안문 가는 버스는 어디서 탑니까?
去天安门的公共汽车在哪里坐?
Qù Tiān'ān Mén de gōnggòng qìchē zài nǎli zuò?
취 티엔안먼더 꽁꽁치처 짜이 나리 쭈오

이 버스는 백화점에 갑니까?
这路公共汽车去百货商店吗?
Zhè lù gōnggòng qìchē qù bǎihuò shāngdiàn ma?
쩌 루 꽁꽁치처 취 바이훠샹띠엔 마

교통

앞으로 얼마나 더 갑니까?
往前再走多远?
Wǎng qián zài zǒu duō yuǎn?
왕치엔 짜이 조우 뚜오위엔

백화점은 몇 번째 정류장입니까?
百货商店是第几站?
Bǎihuò shāngdiàn shì dì jǐ zhàn?
바이훠샹띠엔 스 띠 지짠

세 번째 정류장입니다.
是第三站。
Shì dì sān zhàn.
스 띠 싼짠

어디에서 내리면 됩니까?
该在哪儿下车呢?
Gāi zài nǎr xià chē ne?
까이 짜이 날 시아처 너

종점에서 내리세요.
到终点站下车吧。
Dào zhōngdiǎnzhàn xià chē ba.
따오 쫑디엔짠 시아처 바

다음 정류장에서 내리세요.
下一站下车吧。
Xià yí zhàn xià chē ba.
시아 이짠 시아처 바

제8장 4. 지하철을 이용할 때

주요표현

A : 在哪儿换车呢?
Zài nǎr huàn chē ne?
짜이 날 환처 너

B : 在前门换车吧。
Zài Qiánmén huàn chē ba.
짜이 치엔먼 환처 바

A : 어디서 갈아타면 되나요?
B : 전문에서 갈아타세요.

지하철을 타고 시단에 갈 수 있습니까?

坐地铁可以去西单吗?

Zuò dìtiě kěyǐ qù Xīdān ma?
쭈오 띠티에 커이 취 씨딴 마

이 부근에 지하철역이 있습니까?

这附近有地铁站吗?

Zhè fùjìn yǒu dìtiězhàn ma?
쩌 푸진 요우 띠티에짠 마

표 한 장에 얼마인가요?

一张票多少钱?

Yì zhāng piào duōshao qián?
이장 퍄오 뚜오샤오 치엔

지하철 출구는 어디입니까?

地铁出口在哪儿?

Dìtiě chūkǒu zài nǎr?
띠티에 추코우 짜이 날

교통

지하철은 몇 시까지 운행합니까?

地铁运行到几点?

Dìtiě yùnxíng dào jǐ diǎn?
티티에 윈씽따오 지디엔

노선을 잘못 탔어요.

坐错了路线。

Zuòcuò le lùxiàn.
쭈오 추오러 루시엔

…까지 몇 정거장 남았나요?

到…, 还有几站?

Dào…, hái yǒu jǐ zhàn?
따오… 하이요우 지짠

아직 두 정거장 남았습니다. 바로 다다음 정거장입니다.

还有两站, 就是下下站。

Hái yǒu liǎng zhàn, jiù shì xià xià zhàn.
하이요우 량짠 찌우스 시아시아짠

197

제8장 5. 열차를 이용할 때

주요표현

A : 去上海的火车几点发车?
Qù Shànghǎi de huǒchē jǐ diǎn fā chē?
취 샹하이더 훠처 지디엔 파처

B : 十点四十分发车。
Shí diǎn sìshí fēn fā chē.
스디엔 쓰스펀 파처

A : 상하이행 열차는 몇 시에 출발합니까?
B : 10시 40분에 출발합니다.

베이징행 차표 한 장 주세요.

要一张去北京的车票。
Yào yì zhāng qù Běijīng de chēpiào.
야오 이장 취 베이징더 처퍄오

베이징까지 가격은 얼마입니까?

去北京, 要多少钱?
Qù Běijīng, yào duōshao qián?
취 베이징 야오 뚜오샤오 치엔

> 중국은 지역이 넓어 침대열차가 널리 이용되고 있다.

침대석을 사려고 합니다, 일반 침대석은 얼마입니까?

我买卧铺, 硬卧多少钱?
Wǒ mǎi wòpù, yìngwò duōshao qián?
워 마이 워푸 잉워 뚜오샤오 치엔

이거 텐진행입니까?

这是去天津的火车吗?
Zhè shì qù Tiānjīn de huǒchē ma?
쩌 스 취 티엔진더 훠처 마

교통

얼마를 더 가야 베이징에 도착할 수 있습니까?
再走多长时间就到北京了?
Zài zǒu duō cháng shíjiān jiù dào Běijīng le?
짜이 조우 뚜오창 스지엔 찌우 따오 베이징러

여기에 얼마 정도 정차합니까?
这里停车几分钟?
Zhèli tíng chē jǐ fēn zhōng?
쩌리 팅처 지펀종

여기는 빈 자리입니까?
这是空座吗?
Zhè shì kòng zuò ma?
쩌 스 콩쭈오 마

여기 제 자리인데요.
这是我的座位。
Zhè shì wǒ de zuòwèi.
쩌 스 워더 쭈오웨이

다음 역은 어디입니까?
下一站是哪儿?
Xià yí zhàn shì nǎr?
시아 이짠 스 날

여기에 앉아도 됩니까?
我可以坐这里吗?
Wǒ kěyǐ zuò zhèli ma?
워 커이 쭈오 쩌리 마

제8장 6. 택시를 이용할 때

주요표현

A : 你去什么地方?
Nǐ qù shénme dìfang?
니 취 션머 띠팡

B : 去北京站吧。
Qù Běijīngzhàn ba.
취 베이징짠 바

A : 어디로 가십니까?
B : 베이징역까지 가 주세요.

택시 승차장은 어디입니까?
出租汽车站在哪儿?
Chūzū qìchēzhàn zài nǎr?
추주치처짠 짜이 날

이것이 제 짐입니다.
这是我的东西。
Zhè shì wǒ de dōngxi.
쩌 스 워더 똥시

> 중국에서는 거리 단위 1리(里)가 500m이다. 'km'는 '公里 gōnglǐ'라고 한다.

여기에서 상하이역까지 몇 킬로미터인가요?
从这儿到上海站几公里?
Cóng zhèr dào Shànghǎi Zhàn jǐ gōnglǐ?
총 쩔 따오 샹하이짠 지꽁리

여기서 기다려 주시지 않겠습니까?
能不能在这里等一会儿?
Néng bu néng zài zhèli děng yíhuìr?
넝뿌넝 짜이 쩌리 덩 이훨

교통

저기서 세워 주세요.

到那儿停车吧。

Dào nàr tíng chē ba.

따오 날 팅처 바

기사님, 빨리 가 주세요.

司机，请你走快一点儿。

Sījī, qǐng nǐ zǒu kuài yìdiǎnr.

쓰지 칭 니 조우콰이 이디얼

여기에서 가면 시간이 얼마나 걸립니까?

从这里走，得多长时间？

Cóng zhèli zǒu, děi duō cháng shíjiān?

총 쩌리 조우 데이 뚜오창 스지엔

기사님 대략 얼마나 더 가야 합니까?

司机，大概还有多远？

Sījī, dàgài hái yǒu duō yuǎn?

쓰지 따까이 하이요우 뚜오위엔

제8장 7. 비행기 기내에서

주요표현

A : 有韩文报纸吗?
Yǒu Hánwén bàozhǐ ma?
요우 한원 빠오즈 마

B : 有, 还需要别的吗?
Yǒu, hái xūyào bié de ma?
요우 하이 쉬야오 비에더 마

A : 한국어 신문 있습니까?
B : 있습니다. 더 필요한 것이 있으신가요?

카운터는 어디입니까?(비행기 발권할 때)

登机服务台在哪儿?
dēngjī fúwùtái zài nǎr?
떵지푸우타이 짜이 날

앞으로 얼마를 더 가야 상하이 공항에 도착합니까?

再走多长时间就到上海机场了?
Zài zǒu duō cháng shíjiān jiù dào Shànghǎi Jīchǎng le?
짜이 조우 뚜오창 스지엔 찌우따오 샹하이찌창러

비행기 멀미를 하는 것 같아요.

好像有点儿晕机。
Hǎoxiàng yǒudiǎnr yūnjī.
하오시앙 요우디얼 윈지

먼저 좀 지나가겠습니다.

先过去一下吧。
Xiān guòqù yíxià ba.
시엔 궈취 이시아아 바

교통

짐은 전부 두 개입니다.

总共两件包裹。
Zǒnggòng liǎng jiàn bāoguǒ.
쭝꽁 량 지엔 빠오궈

저는 면세품을 사고 싶습니다.

我想买免税品。
Wǒ xiǎng mǎi miǎnshuìpǐn.
워 시앙 마이 미엔쉐이핀

현지 시간은 몇 시입니까?

到达地的时间是几点?
Dàodádì de shíjiān shì jǐ diǎn?
따오다띠더 스지엔 스 지디엔

음료를 조금 더 주세요.

给我再加点饮料。
Gěi wǒ zài jiā diǎn yǐnliào.
게이 워 짜이 지아 디엔 인랴오

담요 한 장 주세요.

请给我一条毛毯。
Qǐng gěi wǒ yì tiáo máotǎn.
칭 게이워 이탸오 마오탄

중국과 한국은 약 1시간의 시차를 갖고 있으며 중국이 1시간 느리다. 중국은 동서간의 거리가 약 5200km로 실제로는 수도 북경과 서부 지역이 약 2시간 이상 시차가 나지만 별도의 시간대를 정하지 않고 북경 시간을 전국 표준 시간대로 정하고 있다.

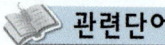

관련단어

교통 관련 어휘

交通	jiāotōng	교통
坐	zuò	(탈것을) 타다
骑	qí	(안장 있는 교통수단을) 타다
高峰时间	gāofēng shíjiān	러시아워, 막히는 시간
发车	fāchē	출발하다
开车	kāichē	운전하다
停车	tíngchē	차를 멈추다, 주차하다
下车	xià chē	차에서 내리다
换车	huàn chē	차를 갈아타다
倒车	dàochē	차를 바꿔 타다, 후진하다
打的	dǎdí	택시를 타다
路	lù	노선(노선버스 번호), 길
走路	zǒulù	길을 가다, 길을 걷다
迷路	mílù	길을 잃다
走错	zǒucuò	길을 잘못가다
坐过站	zuòguò zhàn	정거장을 지나치다
方向	fāngxiàng	방향
左拐	zuǒguǎi	왼쪽으로 돌다
对面	duìmiàn	맞은편
十字路口	shízì lùkǒu	네거리
公共汽车站	gōnggòng qìchēzhàn	버스정거장
客运站	kèyùnzhàn	버스터미널
候车室	hòuchēshì	대합실
火车站	huǒchēzhàn	기차역
机场	jīchǎng	비행장, 공항

港口	gǎngkǒu	항구
加油站	jiāyóuzhàn	주유소

교통수단

自行车	zìxíngchē	자전거
摩托车	mótuōchē	오토바이
公共汽车	gōnggòng qìchē	버스
巴士	bāshì	버스
小公共汽车	xiǎo gōnggòng qìchē	소형 버스
小巴	xiǎobā	소형 버스
无轨电车	wúguǐ diànchē	무궤도 전차
地铁	dìtiě	지하철
出租汽车	chūzū qìchē	택시
的士	díshì	택시, Texi의 음역

장거리 교통수단

长途汽车	chángtú qìchē	장거리버스, 시외버스
火车	huǒchē	기차
游船	yóuchuán	유람선
飞机	fēijī	비행기

주요 열차의 종류

特快	tèkuài	특쾌열차
直快	zhíkuài	직쾌열차
普快	pǔkuài	보쾌열차
直客	zhíkè	직객열차
市郊车	shìjiāochē	시 교외 열차

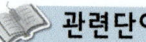 **관련단어**

열차 좌석의 종류

硬座	yìngzuò	가장 요금이 싼 좌석
软座	ruǎnzuò	부드러운 시트가 깔린 좌석
卧铺	wòpù	침대칸
硬卧	yìngwò	일반 침대(6인 1칸)
软卧	ruǎnwò	부드러운 침대(4인 1실)

호텔 · 관광 9

1. 출입국 심사
2. 수하물 찾기
3. 세관에서
4. 객실 예약 · 방 구하기
5. 체크인
6. 룸서비스
7. 물품 보관
8. 체크아웃
9. 관광지에서
10. 사진을 찍을 때
11. 자전거 대여

chinese

제9장 1. 출입국 심사

주요표현

A : 你到中国来的目的是什么?
Nǐ dào Zhōngguó lái de mùdì shì shénme?
니 따오 쭝궈 라이더 무디 스 선머

B : 我是来观光的。
Wǒ shì lái guānguāng de.
워 스 라이 꾸안꽝더

A : 당신이 중국에 온 목적은 뭡니까?
B : 저는 관광하러 왔습니다.

사업차 왔습니다.

是商务考察。
Shì shāngwù kǎochá.
스 샹우 카오차

유학입니다.

是留学。
Shì liúxué.
스 리우쉬에

이것은 저의 여권과 입국카드입니다.

这是我的护照和入境卡。
Zhè shì wǒ de hùzhào hé rùjìngkǎ.
쩌 스 워더 후자오 허 루징카

당신은 중국에 얼마나 머뭅니까?

你在中国逗留几天?
Nǐ zài Zhōngguó dòuliú jǐ tiān?
니 짜이 쭝궈 또우리우 지티엔

호텔·관광

저는 4일 머물 예정입니다.

我预定住四天。

Wǒ yùdìng zhù sì tiān.
워 위딩 쭈 쓰티엔

대략 1주일 머물 예정입니다.

大概停留一个星期。

Dàgài tíngliú yí ge xīngqī.
따까이 팅리우 이거 씽치

저는 1000달러를 가지고 있습니다.

我带了一千美元。

Wǒ dàile yìqiān měiyuán.
워 따이러 이치엔 메이위엔

저는 상도호텔에 묵으려고 합니다.

我要住商都饭店。

Wǒ yào zhù Shāngdū Fàndiàn.
워 야오 쭈 샹뚜판디엔

제9장 2. 수하물 찾기

주요표현

A : 在哪儿取行李?
Zài nǎr qǔ xíngli?
짜이 날 취 씽리

B : 前边有取行李的地方。
Qiánbian yǒu qǔ xíngli de dìfang.
치엔비엔 요우 취 씽리더 디팡

A : 어디에서 짐을 찾지요?
B : 앞에 짐 찾는 곳이 있습니다.

제 짐이 보이지 않습니다.

我的行李不见了。
Wǒ de xíngli bú jiàn le.
워더 씽리 부지엔러

제 짐을 찾아주세요.

请您查一下我的行李。
Qǐng nín chá yíxià wǒ de xíngli.
칭 닌 차이시아 워더 씽리

이것은 제 짐의 라벨입니다.

这是我的行李牌。
Zhè shì wǒ de xínglipái.
쩌 스 워더 씽리파이

저는 아시아나항공을 타고 왔습니다.

我是坐韩亚航空班机到的。
Wǒ shì zuò Hányà Hángkōng bānjī dào de.
워 스 쭈오 한야항콩 빤지 따오더

호텔·관광

이것은 저의 가방입니다.

这是我的包。
Zhè shì wǒ de bāo.
쩌 스 워더 빠오

제 짐 하나가 아직 도착하지 않았습니다.

我有一件行李还没有到。
Wǒ yǒu yí jiàn xíngli hái méiyǒu dào.
워 요우 이지엔 씽리 하이메이요우 따오

제 여행가방이 망가졌습니다.

我的行李箱坏了。
Wǒ de xínglixiāng huài le.
워더 씽리시앙 화이러

여행가방 안의 물건도 일부 없어졌어요.

旅行箱里面的有些东西也遗失了。
Lǚxíngxiāng lǐmiàn de yǒuxiē dōngxi yě yíshī le.
뤼싱시앙 리미엔더 요우시에 똥시 예 이스러

카트가 어디 있지요?

行李车在哪儿?
Xínglichē zài nǎr?
씽리처 짜이 날

중국 입국 시에 간혹 입국 심사를 기다리다가 제 시간에 수하물을 찾지 못하는 경우가 있다. 이 때는 침착하게 자신이 타고 온 비행기의 짐이 나오고 있는지를 확인하고, 만일 다음 비행기의 짐이 나오고 있다면 수하물 보관소로 찾아가 짐 라벨을 근거로 짐을 찾으면 된다.

제9장 3. 세관에서

> A : 你有要申报的东西吗?
> Nǐ yǒu yào shēnbào de dōngxi ma?
> 니 요우 야오 션빠오더 똥시 마
>
> B : 我没有要申报的东西。
> Wǒ méiyǒu yào shēnbào de dōngxi.
> 워 메이요우 야오 션빠오더 똥시
>
> A : 신고할 물건이 있습니까?
> B : 신고할 물건은 없습니다.

이 가방 안에는 뭐가 있지요?
你这个包里是什么?
Nǐ zhège bāo lǐ shì shénme?
니 쩌거 빠오리 스 션머

이것은 제 휴대물품입니다.
这是我随身用品。
Zhè shì wǒ suíshēn yòngpǐn.
쩌 스 워 쒜이션용핀

저는 위스키 두 병을 기지고 잇습니다.
我有两瓶威士忌。
Wǒ yǒu liǎng píng wēishìjì.
워 요우 량핑 웨이스지

이것은 친구에게 주는 선물입니다.
这是给朋友的礼物。
Zhè shì gěi péngyou de lǐwù.
쩌 스 게이 펑요우더 리우

호텔·관광

이 카메라는 제가 쓰는 겁니다.

这架照相机是我自己用的。

Zhè jià zhàoxiàngjī shì wǒ zìjǐ yòng de.

쩌 지아 자오시앙지 스 워 쯔지 용더

이것도 신고해야 하나요?

这个也要申报吗?

Zhège yě yào shēnbào ma?

쩌거 예 야오 션빠오 마

저는 담배를 한 보루만 가지고 있습니다.

我只带了一条香烟。

Wǒ zhǐ dàile yì tiáo xiāngyān.

워 즈 따이러 이탸오 시앙옌

좀 봐주시면 안될까요?

能不能照顾一下?

Néng bu néng zhàogù yíxià?

넝뿌넝 자오꾸 이시아

중국 세관에 신고해야 하는 물품
- 2,000위안 이상의 물품을 중국에 들여오는 경우.
- 1,500㎖(12도 이상) 이상의 주류.
- 400개비 이상의 담배, 100개비 이상의 시가, 500g 이상의 담배.
- 2만 위안 이상의 현찰, 5,000달러 이상의 외화 현찰.
- 동식물 및 제품, 미생물·생물 제품, 인체조직, 혈액, 혈액제품.
- 통신 보안 장비. 중국 법에 따라 반입이 제한되거나 금지된 품목.

제9장 4. 객실 예약·방 구하기

주요표현

A : 喂,我想预订一个房间。
Wèi, wǒ xiǎng yùdìng yí ge fángjiān.
웨이 워 시앙 위띵 이거 팡지엔

B : 请把你的姓名留下。
Qǐng bǎ nǐ de xìngmíng liúxià.
칭 바 니더 씽밍 리우시아

A : 저는 방을 예약하려고 합니다.
B : 당신의 성함을 남겨 주세요.

방이 있습니까?

有房间吗?
Yǒu fángjiān ma?
요우 팡지엔 마

오늘 오후에 도착할 수 있습니다.

我今天下午能到。
Wǒ jīntiān xiàwǔ néng dào.
워 찐티엔 시아우 넝 따오

저는 3일 묵을 예정입니다.

我打算住三天。
Wǒ dǎsuan zhù sān tiān.
워 따쑤안 쭈 싼티엔

네, 있습니다. 어떤 방을 원하십니까?

有,您要什么样的房间?
Yǒu, nín yào shénmeyàng de fángjiān?
요우 닌 야오 션머양더 팡지엔

호텔·관광

표준실로 부탁합니다.

要标准间。
Yào biāozhǔnjiān.
야오 뺘오준지엔

싱글 룸으로 부탁합니다.

要单人间。
Yào dānrénjiān.
야오 딴런지엔

저는 스위트룸을 원합니다.

我要一个套间。
Wǒ yào yí ge tàojiān.
워 야오 이거 타오지엔

그 방에 에어컨이 있습니까?

那个房间有空调吗?
Nàge fángjiān yǒu kōngtiáo ma?
나거 팡지엔 요우 콩탸오 마

성수기라 손님이 다 찼습니다. 죄송합니다.

现在是旺季, 已经客满了, 对不起。
Xiànzài shì wàngjì, yǐjing kè mǎn le, duìbuqǐ.
씨엔짜이 스 왕지 이징 커만러 뚸이부치

중국 호텔 예약

중국 호텔 예약은 인터넷이나 전화로 가능하다. 직접 예약을 할 경우 elong.com 등 중국 사이트에서 미리 예약이 가능하다. 공항에서도 예약이 가능한데 공항에 도착하면 여행사나 호텔에서 손님을 받기 위해 나와 있는 것을 볼 수 있는데 이들에게 예약을 하면 된다.

제9장 5. 체크인

주요표현

A : 我要订个房间。
Wǒ yào dìng gè fángjiān.
워 야오 띵거 팡지엔

B : 您预订了吗?
Nín yùdìngle ma?
닌 위띵러 마

A : 체크인 하려고 합니다.
B : 예약하셨습니까?

네. 예약했습니다.

是。预订了
Shì. Yùdìng le.
스 위띵러

저는 김명덕이라고 합니다. 이것이 예약표입니다.

我叫金明德，这是预订单。
Wǒ jiào Jīn Míngdé, zhè shì yùdìngdān.
워 쟈오 찐밍더 쪄스 위띵딴

여기 써넣어 주십시오.

在这里填写吧。
Zài zhèli tiánxiě ba.
짜이 쩌리 티엔시에 바

하루 숙박에 얼마입니까?

住一天多少钱?
Zhù yì tiān duōshao qián?
쭈 이티엔 뚜오샤오치엔

호텔·관광

보증금은 하루에 300위안, 3일에 900위안입니다.

押金是一天三百元，三天的话九百元。

Yājīn shì yì tiān sānbǎi yuán, sān tiān dehuà, jiǔbǎi yuán.

야찐 스 이티엔 싼바이위엔, 싼티엔더화 지우바이위엔

할인해 주실 수 있습니까?

可以给打折扣吗?

Kěyǐ gěi dǎ zhékòu ma?

커이 게이 다저코우 마

이 비용은 아침식사 포함인가요?

这费用是包括早餐的吗?

Zhè fèiyòng shì bāokuò zǎocān de ma?

쩌 페이용 스 빠오쿠오 자오찬더 마

아침식사는 몇 시부터 어디에서 먹습니까?

早餐几点开始，在哪儿吃呢?

Zǎocān shì jǐ diǎn kāishǐ, zài nǎr chī ne?

자오찬 지디엔 카이스 짜이 날 츠너

체크아웃은 몇 시입니까?

退房时间是几点?

Tuìfáng shíjiān shì jǐ diǎn?

퉤이팡 스지엔 스 지디엔

이것은 객실카드입니다, 손님 방은 612호실입니다.

这是房间卡，您的房间是六一二号。

Zhè shì fángjiānkǎ, nín de fángjiān shì liù yāo èr hào.

쩌 스 팡지엔카 닌더 팡지엔 스 리우야오얼하오

제9장 6. 룸서비스

주요표현

A : 是,房间服务台。
Shì, fángjiān fúwùtái.
스 팡지엔 푸우타이

B : 这是四零八号房间,有送餐服务吗?
Zhè shì sì líng bā hào fángjiān, yǒu sòng cān fúwù ma?
쩌 스 쓰링빠하오 팡지엔 요우 송찬푸우 마

A : 예, 룸 서비스입니다.
B : 여기는 408호입니다. 식사배달 서비스가 있나요?

모닝콜 서비스를 부탁합니다.

要叫醒服务。
Yào jiàoxǐng fúwù.
야오 쟈오씽 푸우

재떨이를 가져다 주세요.

把烟灰缸拿来。
Bǎ yānhuīgāng nálái.
바 옌훼이깡 나라이

화장실 휴지가 없습니다.

卫生间里没有卫生纸。
Wèishēngjiān lǐ méiyǒu wèishēngzhǐ.
웨이성지엔 리 메이요우 웨이셩즈

온수가 나오지 않습니다.

没有热水。
Méiyǒu rèshuǐ.
메이요우 러쉐이

호텔·관광

물이 안 나옵니다.

停水了。

Tíng shuǐ le.
팅쒜이러

> '정전(停电)'과 마찬가지로 동사 '停'을 쓴다. 우리말처럼 '단수(断水)'라고 하지 않는다.

저의 방을 청소해 주세요.

请把我的房间收拾一下。

Qǐng bǎ wǒ de fángjiān shōushi yíxià.
칭 바 워더 팡지엔 쑈우스 이시아

변기가 막혔어요. 고쳐 주세요.

便器堵了，请修理一下。

Biànqì dǔ le, qǐng xiūlǐ yíxià.
삐엔치 두러 칭 시우리 이시아

담요를 한 장 더 주세요.

请再给我一张毛毯。

Qǐng zài gěi wǒ yì zhāng máotǎn.
칭 짜이 게이 워 이장 마오탄

옆방이 너무 시끄러워요. 조용한 방으로 바꿔 주세요.

隔壁太吵了，请换一个安静的房间。

Gébì tài chǎo le, qǐng huàn yí ge ānjìng de fángjiān.
거삐 타이 차오러 칭 환 이거 안징더 팡지엔

 호텔 보증금

대부분의 중국 호텔은 보증금 제도를 시행하고 있다. 이는 1박에 얼마씩 보증금(押金 yājīn)을 책정하여 투숙할 때 미리 받는 것이다. 퇴실할 때는 미리 지불한 보증금에서 방값 등을 제하고 계산한다.

제9장 7. 물품 보관

주요표현

A : 能保管贵重物品吗?
Néng bǎoguǎn guìzhòng wùpǐn ma?
넝 바오관 꿰이종우핀 마

B : 能, 这里填写姓名和房间号码。
Néng, zhèli tiánxiě xìngmíng hé fángjiān hàomǎ.
넝 쩌리 티엔시에 씽밍 허 팡지엔하오마

A : 귀중품을 맡아 주실 수 있습니까?
B : 네, 여기에 이름과 방 번호를 써 주십시오.

호텔에 물건 보관소가 있습니까?

饭店里有没有寄存处?
Fàndiàn lǐ yǒu méiyǒu jìcúnchù?
판띠엔리 요우메이요우 찌춘추

짐 맡기는 곳은 어디입니까?

寄存处在哪儿?
Jìcúnchù zài nǎr?
찌춘추 짜이 날

저는 짐을 맡기려고 합니다.

我要存放我的行李。
Wǒ yào cúnfàng wǒ de xíngli.
워 야오 춘팡 워더 씽리

이 짐을 저녁까지 맡아 주십시오.

把这个行李存到晚上。
Bǎ zhège xíngli cúndào wǎnshang.
바 쩌거 씽리 춘따오 완샹

호텔·관광

별도의 이용료는 없습니까?

没有别的付费吗?

Méiyǒu bié de fùfèi ma?

메이요우 비에더 푸페이 마

짐 보관료는 하루에 얼마인가요?

行李寄存费一天多少钱?

Xíngli jìcúnfèi yì tiān duōshao qián?

씽리 찌춘페이 이티엔 뚜오샤오치엔

없습니다. 무료입니다.

没有, 是免费的。

Méiyǒu, shì miǎnfèi de.

메이요우 스 미엔페이더

제 짐을 찾으려 합니다.

我要取行李。

Wǒ yào qǔ xíngli.

워 야오 취 씽리

221

제9장 8. 체크아웃

> A : 我要退房。请结帐吧。
> Wǒ yào tuìfáng. Qǐng jiézhàng ba.
> 워 야오 퉤이팡 칭 지에짱 바
>
> B : 请问，您的姓名和房间号码呢?
> Qǐngwèn, nín de xìngmíng hé fángjiān hàomǎ ne?
> 칭원 닌더 씽밍 허 팡지엔하오마 너
>
> A : 체크아웃하려고 합니다. 결산해 주세요.
> B : 당신의 성함과 방 번호는요?

체크아웃하려고 합니다. 계산서를 준비해 주세요.

我要退房，请准备我的帐单。

Wǒ yào tuìfáng, qǐng zhǔnbèi wǒ de zhàngdān.
워 야오 퉤이팡 칭 준뻬이 워더 짱딴

저는 하루 더 머물려고 합니다.

我想再住一天。

Wǒ xiǎng zài zhù yì tiān.
워 시앙 짜이 쭈 이티엔

요 며칠간의 숙박비용을 계산해 주세요.

请把这几天的房费算一下。

Qǐng bǎ zhè jǐ tiān de fángfèi suàn yíxià.
칭 바 쩌지티엔더 팡페이 쑤안 이시아

저는 냉장고 안의 맥주를 마셨습니다.

我喝了冰箱里的啤酒。

Wǒ hēle bīngxiāng lǐ de píjiǔ.
워 허러 삥시앙리더 피지우

호텔·관광

이것이 저의 계산서입니까?

这是我的帐单吗?

zhè shì wǒ de zhàngdān ma?
쩌 스 워더 짱딴 마

이것은 무슨 비용입니까?

这是什么费用?

Zhè shì shénme fèiyòng?
쩌 스 션머 페이용

신용카드 결제도 가능합니까?

我可以用信用卡结帐吗?

Wǒ kěyǐ yòng xìnyòngkǎ jiézhàng ma?
워 커이 용 씬용카 지에짱 마

저에게 호텔 영수증을 주세요.

请给我一张饭店的发票。

Qǐng gěi wǒ yì zhāng fàndiàn de fāpiào.
칭 게이 워 이짱 판띠엔더 파퍄오

📎 **호텔 시설물 체크**

호텔에 숙박할 때는 먼저 객실 내에 파손된 물품이 없는지 잘 살펴본다. 호텔에서는 퇴실할 때 파손된 물건이 있는지를 확인하여 투숙객에게 요금을 청구하기 때문이다. 투숙할 때 먼저 객실의 상태를 꼼꼼히 살피고 문제가 있다면 프런트나 가이드에게 알리도록 한다.

제9장 9. 관광지에서

주요표현

A : 我想看京剧和杂技。
Wǒ xiǎng kàn jīngjù hé zájì.
워 시앙 칸 찡쥐 허 자찌

B : 那么,我们去老舍茶馆吧。
Nàme, wǒmen qù Lǎoshè Cháguǎn ba.
나머 워먼 취 라오셔차관 바

A : 저는 경극과 전통서커스를 보고 싶어요.
B : 그러면 노사차관에 갑시다.

고궁의 입장권은 어디서 팝니까?
故宫的门票在哪儿卖?
Gù Gōng de ménpiào zài nǎr mài?
꾸꿍더 먼퍄오 짜이 날 마이

말씀 좀 묻겠습니다. 화장실이 어디 있지요?
请问, 厕所在哪儿?
Qǐngwèn, cèsuǒ zài nǎr?
칭원 처쑤오 짜이 날

이야, 정말 웅장합니다.
哇,真雄壮啊!
Wā, zhēn xióngzhuàng a!
와 쩐 시옹주앙아

이곳의 역사를 설명해 주세요.
请讲解一下这个地方的历史。
Qǐng jiǎngjiě yíxià zhège dìfang de lìshǐ.
칭 지앙지에 이시아 쩌거띠팡더 리스

호텔·관광

건물에 낙서하지 마세요.

不要在建筑物上乱写字。

Búyào zài jiànzhùwù shang luàn xiě zì.
부야오 짜이 찌엔주우샹 루안 씨에쯔

큰소리로 떠들지 마세요.

请不要大声喧哗。

Qǐng búyào dàshēng xuānhuá.
칭 부야오 따셩 쉬엔화

입장권은 얼마입니까?

门票多少钱?

Ménpiào duōshao qián?
먼퍄오 뚜오샤오치엔

저는 장성에 가 보고 싶어요.

我很想去长城。

Wǒ hěn xiǎng qù Chángchéng.
워 헌 시앙 취 창청

1일 투어 프로그램이 있나요?

有一天游吗?

Yǒu yìtiānyóu ma?
요우 이티엔요우 마

> '一日游 yírìyóu'라고도 한다.

대도시의 일정 규모 이상의 호텔에서는 투어 프로그램을 운용하고 있다. 주로 1일 코스, 반나절 코스 등이 있는데 이를 이용하면 해당 도시의 주요 관광지를 돌아볼 수 있다. 소도시에서 혹은 작은 규모의 호텔에 묵었을 때는 여행사의 투어 프로그램을 이용하면 된다.

제9장

10. 사진을 찍을 때

주요표현

A : 能给我照一张相吗?
Néng gěi wǒ zhào yì zhāng xiàng ma?
넝 게이 워 자오 이장 시앙 마

B : 可以, 怎么用?
Kěyǐ, zěnme yòng?
커이 쩐머 용

A : 사진을 한 장 찍어주시겠어요?
B : 그러지요. 어떻게 찍지요.

우리 여기에서 사진 한 장 찍읍시다.

我们在这里照一张相吧。
Wǒmen zài zhèli zhào yì zhāng xiàng ba.
워먼 짜이 쩌리 자오 이장 시앙 바

사진을 찍어주시겠어요?

能为我们照张相吗?
néng wèi wǒmen zhào zhāng xiàng ma?
넝 웨이 워먼 자오 장 시앙 마

같이 사진을 찍으시겠어요?

一起合影可以吗?
Yìqǐ héyǐng kěyǐ ma?
이치 허잉 커이 마

비디오 촬영을 해도 되나요?

可以摄像吗?
Kěyǐ shèxiàng ma?
커이 셔시앙 마

호텔·관광

여기에서 사진을 찍어도 되나요?

在这里可以照相吗?
Zài zhèli kěyǐ zhàoxiàng ma?
짜이 쩌리 커이 자오시앙 마

셔터만 누르면 됩니다.

按一下快门就行了。
Àn yíxià kuàimén jiù xíng le.
안 이시아 콰이먼 찌우 씽러

좋아요, 웃으세요.

好,笑一笑。
Hǎo, xiào yi xiào.
하오 샤오이샤오

이곳은 사진촬영 금지입니다.

这里禁止拍照。
Zhèli jìnzhǐ pāizhào.
쩌리 찐즈 파이자오

제9장 11. 자전거 대여

주요표현

A : 想借两天自行车用用。
Xiǎng jiè liǎng tiān zìxíngchē yòngyong.
시양 지에 량티엔 쯔싱처 용용

B : 你要什么样的车?
Nǐ yào shénmeyàng de chē?
니 야오 션머양더 처

A : 자전거를 이틀간 빌리려고 합니다.
B : 당신은 어떤 자전거를 원하세요?

하루 빌리는 데 얼마입니까?

出租一天要多少钱?
Chūzū yì tiān yào duōshao qián?
추주 이티엔 야오 뚜오샤오치엔

몇 시에 자전거를 반환해야 합니까?

得几点还自行车?
Děi jǐ diǎn huán zìxíngchē?
데이 지디엔 환 쯔싱처

기어가 달린 남자용 자전거 있습니까?

有变速器的男车吗?
Yǒu biànsùqì de nánchē ma?
요우 삐엔수치더 난처 마

보증금 100위안을 포함해서 모두 150위안입니다.

包括 一百块押金，一共一百五十块。
Bāokuò yìbǎi kuài yājīn, yígòng yìbǎi wǔshí kuài.
빠오쿠오 이바이콰이 야찐 이꿍 이바이 우스콰이

228

호텔·관광

먼저 당신의 여권 복사본을 한 장 주세요.

先给我一张你的护照复印件。

Xiān gěi wǒ yì zhāng nǐ de hùzhào fùyìn jiàn.

시엔 게이 워 이장 니더 후자오 푸인지엔

자동차에 밀려 점차 보급률이 줄어들고 있다고는 하지만 대도시의 자전거 보급률이 60%에 육박하는 중국은 그야말로 자전거의 천국이다. 자전거 도로까지 따로 있는 거리에서 중국인과 함께 골목을 누비고 다녀 보는 것은 중국 여행에서의 색다른 재미일 것이다.

자전거는 자전거 대여점(押出租自行车 혹은 영어로 Lent Bike라고 되어 있음)에서 직접 빌릴 수 있다. 자전거를 빌릴 경우 여권 사본이나 국제 운전면허증, 학생증 등을 맡겨야 하고 일정 금액의 보증금을 먼저 지불해야 한다. 중국에서는 자전거 도난 사건이 빈번하게 일어나므로 보관료를 지불하더라도 반드시 관리인이 있는 보관소에 자물쇠를 채워 보관한다.

 **관련단어**

호텔 숙박 관련 어휘

饭店/宾馆	fàndiàn / bīnguǎn	호텔
大厅	dàtīng	로비
行李	xíngli	짐
登记	dēngjì	등록, 체크인 (하다)
手续	shǒuxù	수속
住宿	zhùsù	묵다, 숙박하다
房间	fángjiān	방
单人间	dānrénjiān	싱글룸
标准间	biāozhǔnjiān	표준실(2인 1실)
套间	tàojiān	스위트룸
浴室	yùshì	욕실
客房	kèfáng	객실
房间卡	fángjiānkǎ	객실카드

카메라 관련 어휘

镜头	jìngtóu	렌즈
快门	kuàimén	셔터
电源开关	diànyuán kāiguān	전원버튼
取景器	qǔjǐngqì	접안창, 파인더
显示屏	xiǎnshìpíng	모니터
变焦干	biànjiāogān	줌 레버
电池	diànchí	전지
镁光灯	měiguāngdēng	플래시
照	zhào	사진을 찍다
数码相机	shùmǎ xiàngjī	디지털 카메라

위급상황 10

1. 도둑 맞았을 때
2. 물건을 잃어버렸을 때
3. 사고를 당했을 때
4. 고장난 것을 수리할 때

chinese

제10장 1. 도둑 맞았을 때

A : 怎么了, 王先生?
Zěnme le, Wáng xiānsheng?
쩐머러 왕시엔셩

B : 钱包不见了, 好像被小偷偷走了。
Qiánbāo bú jiàn le, hǎoxiàng bèi xiǎotōu tōuzǒu le.
치엔빠오 부지엔러 하오시앙 뻬이 샤오토우 토우 조우러

A : 왜 그러세요, 왕 선생님?
B : 지갑이 없어졌어요, 소매치기당한 것 같아요.

지갑을 소매치기당했습니다.
钱包被小偷偷走了。
Qiánbāo bèi xiǎotōu tōu zǒu le.
치엔빠오 뻬이 샤오토우 토우 조우러

도둑 잡아라!
抓小偷!
Zhuā xiǎotōu!
쭈아 샤오토우

백을 도난당했습니다.
手提包被盗。
Shǒutíbāo bèi dào.
쇼우티빠오 뻬이 따오

경찰에 신고하세요.
向警察报案吧。
Xiàng jǐngchá bào'àn ba.
시앙 징차 빠오안 바

위급상황

저 사람이 소매치기입니다.

他是小偷。
Tā shì xiǎotōu.
타 스 샤오토우

저 사람이 물건을 훔쳤습니다.

他偷了我的东西。
Tā tōule wǒ de dōngxi.
타 토우러 워더 뚱시

빨리 그를 잡으세요.

快抓住他。
Kuài zhuāzhù tā.
콰이 쭈아주 타

소매치기는 벌써 도망가버렸어요.

小偷早跑没了。
Xiǎotōu zǎo pǎo méi le.
샤오토우 자오 파오메이러

233

제10장 2. 물건을 잃어버렸을 때

주요표현

A : 有什么事?
Yǒu shénme shì?
요우 션머 스

B : 手提包丢了。
Shǒutíbāo diū le.
쇼우티빠오 띠우러

A : 무슨 일이에요?
B : 백을 잃어버렸어요.

지갑을 찾지 못했습니다.

我没找到钱包。
Wǒ méi zhǎodào qiánbāo.
워 메이 자오따오 치엔빠오

안에 무엇이 들어 있었습니까?

里边都有什么?
Lǐbian dōu yǒu shénme?
리비엔 또우 요우 션머

가방을 잘 찾아보셨나요?

手提包好好查了吗?
Shǒutíbāo hǎohāo chále ma?
쇼우티빠오 하오하오 차러 마

어디서 잃어버렸는지 모르겠습니다.

不知丢在什么地方。
Bù zhī diū zài shénme dìfang.
뿌쯔 디우 짜이 션머 띠팡

위급상황

안에는 현금과 신용카드가 들어 있습니다.

里边有现金和信用卡。

Lǐbian yǒu xiànjīn hé xìnyòngkǎ.

리비엔 요우 씨엔찐 허 씬용카

발견하시면 바로 제게 연락 주세요.

一旦发现，马上与我联系。

Yídàn fāxiàn, mǎshàng yǔ wǒ liánxì.

이단 파시엔 마샹 위 워 리엔씨

오늘 어디에 나가셨었는데요?

今天都到哪儿去了?

Jīntiān dōu dào nǎr qù le?

찐티엔 또우 따오 날 취러

아침에 백화점에 갔었어요.

上午去过百货商店。

Shàngwǔ qùguo bǎihuò shāngdiàn.

샹우 취궈 바이훠샹띠엔

제10장 3. 사고를 당했을 때

주요표현

A : 这里很疼。
Zhèli hěn téng.
쪄리 헌 텅

B : 我去叫救护车。
Wǒ qù jiào jiùhùchē.
워 취 쟈오 지우후처

A : 여기가 아픕니다.
B : 제가 구급차를 부르겠습니다.

응급처치가 필요합니다.

需要急救。
Xūyào jíjiù.
쉬야오 지찌우

비상벨을 울려 주세요.

请按紧急电铃。
Qǐng àn jǐnjí diànlíng.
칭 안 진지띠엔링

경찰[공안원]을 불러 주세요.

叫警察[公安]吧。
Jiào jǐngchá[gōng'ān] ba.
쨔오 칭차 [꽁안] 바

사람 살려!

救命啊！
Jiùmìng a!
찌우밍아

위급상황

누구 좀 와 주세요!

来人啊！

Lái rén a!

라이런나

아, 죄송합니다. 괜찮으세요?

啊，对不起，没事吧？

Ā, Duìbuqǐ, méi shì ba?

아 뚜이부치 메이스 바

보험회사에 연락해 주세요.

要跟保险公司联系一下。

Yào gēn bǎoxiǎn gōngsī liánxì yíxià.

야오 껀 바오시엔꿍쓰 리엔씨 이시아

네, 곧 연락하겠습니다.

是，马上联系。

Shì, mǎshàng liánxì.

스 마샹 리엔씨

사고를 당했을 때 응급 구조를 요청하는 전화번호는 120번이다. 응급 상황이 발생하면 응급차를 부르게 되는데 중국에서는 이것이 철저하게 수혜자 부담이다. 응급차는 킬로미터당 약 3위안 정도의 비용을 지불해야 하며 저녁 6시부터 아침 6시까지는 2배의 할증이 붙는다. 들것 사용료와 의사의 왕진비용도 따로 청구된다. (2009년 기준)

입원을 해야 할 경우 의사에게 진료를 받은 후 입원허가증(住院证)을 받고 원무과(住院处)에서 수속을 하면 된다. 보험에 가입하지 않은 사람은 입원할 때 상당한 액수의 병실 보증금을 내야 한다. 중국의 의료 수준이 아직 한국에 미치지 못하기 때문에 정말 급한 경우가 아니라면 귀국하여 치료하는 것이 좋다.

제10장 4. 고장난 것을 수리할 때

주요표현

A : 我的电视出故障了,要修理。
Wǒ de diànshì chū gùzhàng le, yào xiūlǐ.
워더 띠엔스 추 꾸장러 야오 시우리

B : 天线状态不太好。
Tiānxiàn zhuàngtài bú tài hǎo.
티엔시엔 쭈앙타이 부타이 하오

A : 저의 텔레비전이 고장나서 수리하려고 합니다.
B : 안테나 상태가 안 좋군요.

이 드라이기를 수리해 주십시오.
请修理修理这个吹风机。
Qǐng xiūlǐ xiūlǐ zhège chuīfēngjī.
칭 시우리시우리 쩌거 췌이펑지

저의 라디오가 고장났습니다.
我的收音机坏了。
Wǒ de shōuyīnjī huài le.
워더 쇼우인지 화이러

금방 고칠 수 있습니까?
马上能修好吗?
Mǎshàng néng xiūhǎo ma?
마샹 넝 시우 하오 마

언제쯤 다 수리할 수 있습니까?
什么时候能修好?
Shénme shíhou néng xiūhǎo?
션머 스호우 넝 시우 하오

위급상황

건전지를 갈아 주십시오.
换电池吧。
Huàn diànchí ba.
환 띠엔츠 바

안경을 망가뜨렸습니다.
把眼镜弄坏了。
Bǎ yǎnjìng nònghuài le.
바 옌징 농 화이러

타이어를 갈아 주세요.
请给换换车胎。
Qǐng gěi huànhuan chētāi.
칭 게이 환환 처타이

안장을 갈아 주세요.
给换个车座吧。
Gěi huàn gè chēzuò ba.
게이 환거 처쭈오 바

자전거 기어가 고장났습니다. 수리해 주세요.
自行车变速器坏了，请修理一下。
Zìxíngchē biànsùqì huài le, qǐng xiūlǐ yíxià.
쯔싱처 삐엔슈치 화이러 칭 시우리 이시아

타이어에 공기를 넣어 주세요.
给车胎打打气吧。
Gěi chētāi dǎ dǎ qì ba.
게이 처타이 다다치 바

239

관련단어

위급상황 관련 어휘

身份证	shēnfènzhèng	신분증
护照	hùzhào	여권
贵重品	guìzhòngpǐn	귀중품
证明书	zhèngmíngshū	증명서
费	fèi	비용
信用卡	xìnyòngkǎ	신용카드
手提包	shǒutíbāo	핸드백, 손가방
钱包	qiánbāo	돈지갑
遗失	yíshī	잃어버리다
被偷	bèitōu	도난당하다
疼	téng	아프다
感染	gǎnrǎn	감염되다
病毒	bìngdú	바이러스, 독소
坏	huài	망가지다
救护车	jiùhùchē	구급차
急救	jíjiù	응급조치(를 취하다)
修好	xiūhǎo	잘 수리하다
报案	bào'àn	(사건이나 사고를) 신고하다

그림으로 익히는 단어 　부 록

(1) 식사 도구
(2) 중국의 간이 식사
(3) 학용품
(4) 컴퓨터
(5) 카메라
(6) 자전거
(7) 객실
(8) 욕실
(9) 손 숫자
(10) 12지의 동물들
(11) 사람의 몸
(12) 채소와 과일

chinese

(1) 식사 도구

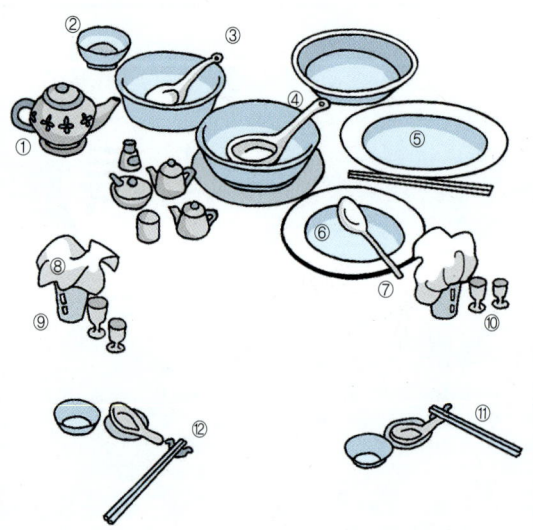

① 찻주전자 茶壶 cháhú
③ 밥주걱 饭勺 fànsháo
⑤ 요리 접시 菜盘 càipán
⑦ 숟가락 饭匙 fànchí
⑨ 컵 水杯 shuǐbēi
⑪ 젓가락 筷子 kuàizi
・나이프 餐刀 cāndāo
・오프너 起子 qǐzi

② 밥 식기 饭碗 fànwǎn
④ 스프용 국자 汤勺 tāngsháo
⑥ 앞접시 餐碟 cāndié
⑧ 냅킨 餐巾纸 cānjīnzhǐ
⑩ 술잔 酒杯 jiǔbēi
⑫ 젓가락 받침 筷子架 kuàizijià
・포크 叉子 chāzi
・이쑤시개 牙签 yáqiān

그림으로 익히는 단어

(2) 중국의 간이 식사

① 찐빵, 만두　馒头 mántou
② 꽃빵　花卷 huājuǎn
③ 시루만두　小笼包 xiǎolóngbāo
④ 소말이　春卷 chūnjuǎn
⑤ 대튀김　油条 yóutiáo
⑥ 소병　烧饼 shāobing
⑦ 교자만두　饺子 jiǎozi
⑧ 국수　面条 miàntiáo
⑨ 혼돈자　馄饨 húntun
⑩ 샌드위치　三明治 sānmíngzhì
⑪ 햄버거　汉堡包 hànbǎobāo
⑫ 핫도그　热狗 règǒu
⑬ 식빵　面包 miànbāo
・토스트　烤面包 kǎomiànbāo
・전병　煎饼 jiānbing
・볶음국수　炒面 chǎomiàn

243

(3) 학용품

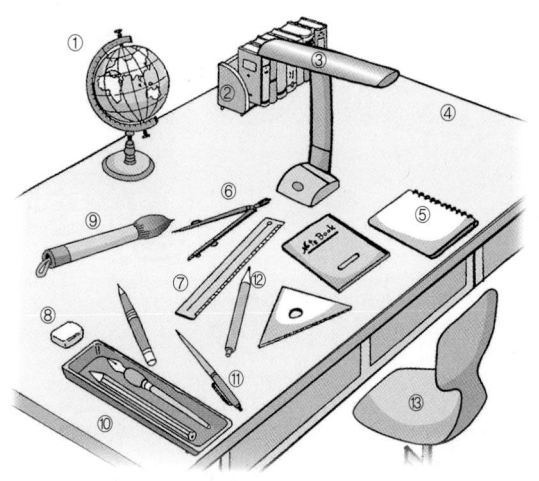

① 지구본 地球仪 dìqiúyí
② 책꽂이 书架 shūjià
③ 스탠드 台灯 táidēng
④ 책상 桌子 zhuōzi
⑤ 공책 笔记本 bǐjìběn
⑥ 컴퍼스 两脚规 liǎngjiǎoguī
⑦ 자 尺子 chǐzi
⑧ 지우개 橡皮 xiàngpí
⑨ 붓 毛笔 máobǐ
⑩ 연필 铅笔 qiānbǐ
⑪ 볼펜 圆珠笔 yuánzhūbǐ
⑫ 샤프 自动铅笔 zìdòng qiānbǐ
⑬ 의자 椅子 yǐzi
• 만년필 钢笔 gāngbǐ

그림으로 익히는 단어

(4) 컴퓨터

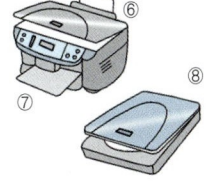

① 컴퓨터 电脑 diànnǎo
② LCD모니터 显示屏 xiǎnshìpíng
③ 스피커 扬声器 yángshēngqì
④ 키보드 键盘 jiànpán
⑤ 노트북 笔记本电脑 bǐjìběn diànnǎo
⑥ 프린터 打印机 dǎyìnjī
⑦ 프린터용지 打印纸 dǎyìnzhǐ
⑧ 스캐너 扫描器 sǎomiáoqì
⑨ 타블렛 输入板 shūrùbǎn
• 마우스 鼠标器 shǔbiāoqì
• 하드디스크 硬盘 yìngpán

245

(5) 카메라

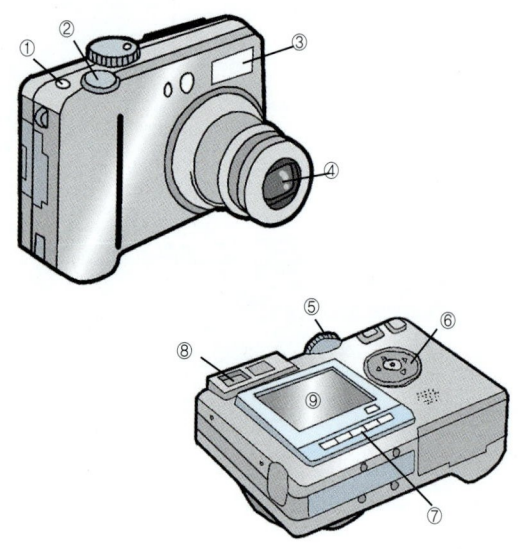

① 전원 버튼　电源开关 diànyuán kāiguān
② 셔터　快门钮 kuàiménniǔ　③ 플래시　闪光灯 shǎnguāngdēng
④ 렌즈　镜头 jìngtóu
⑤ 모드 다이얼　模式拨盘 móshì bōpán
⑥ 십자버튼　箭头钮 jiàntóuniǔ　⑦ 메뉴 버튼　选单钮 xuǎndānniǔ
⑧ 파인더　取景器 qǔjǐngqì　⑨ 모니터　显示屏 xiǎnshìpíng
• 디지털 카메라　数码相机 shùmǎ xiàngjī

그림으로 익히는 단어

(6) 자전거

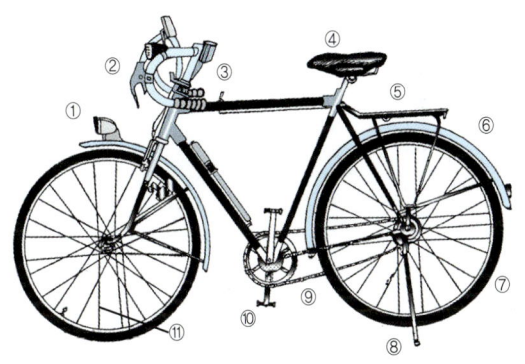

① 라이트 车灯 chēdēng
② 브레이크 레버 闸把 zhábǎ
③ 핸들 车把 chēbǎ
④ 안장 车座 chēzuò
⑤ 짐받이 后架子 hòujiàzi
⑥ 흙받이 挡泥板 dǎngníbǎn
⑦ 타이어 车胎 chētāi
⑧ 스탠드 支架 zhījià
⑨ 체인 链条 liàntiáo
⑩ 페달 车蹬子 chēdēngzi
⑪ 바퀴살 车条 chētiáo

(7) 객실

① 플로어 스탠드 落地灯 luòdìdēng
② 창문 窗户 chuānghu
③ 커튼 窗帘 chuānglián
④ 텔레비전 电视 diànshì
⑤ 거울 镜子 jìngzi
⑥ 화물대 行李架 xínglijià
⑦ 벽등 壁灯 bìdēng
⑧ 침대 床 chuáng
⑨ 의자 椅子 yǐzi
⑩ 탁자 桌子 zhuōzi
· 재떨이 烟灰缸 yānhuīgāng
· 찻잔 茶杯 chábēi
· 유리컵 玻璃杯 bōlibēi
· 콘센트 插座 chāzuo
· 스위치박스 开关箱 kāiguānxiāng

그림으로 익히는 단어

(8) 욕실

① 샤워기　淋浴器 línyùqì
② 수건　浴巾 yùjīn
③ 세면기　洗脸池 xǐliǎnchí
④ 수도꼭지　水龙头 shuǐlóngtóu
⑤ 양치질 컵　漱口杯 shùkǒubēi
⑥ 치약　牙膏 yágāo
⑦ 변기　抽水马桶 chōushuǐ mǎtǒng
⑧ 휴지통　纸篓 zhǐlǒu
⑨ 화장지　卫生纸 wèishēngzhǐ
⑩ 욕조　浴缸 yùgāng
⑪ 배수구　排水口 páishuǐkǒu
・비누　香皂 xiāngzào
・샴프　香波 xiāngbō
・치솔　牙刷 yáshuā
・면도기　刮胡刀 guāhúdāo
・빗　梳子 shūzi

249

(9) 손 숫자

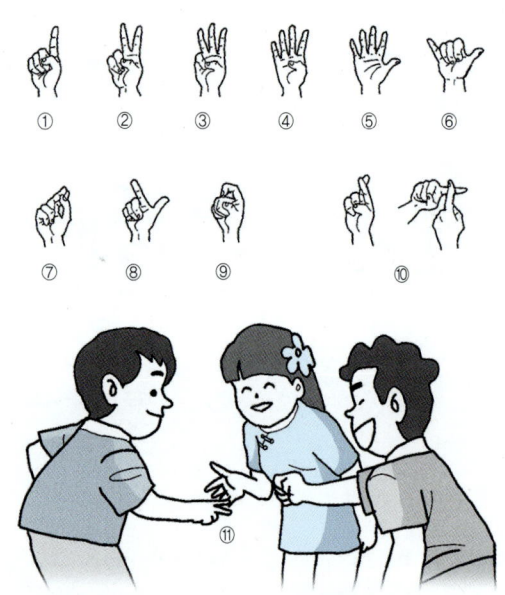

① 1, 하나 一 yī
② 2, 둘 二 èr
③ 3, 셋 三 sān
④ 4, 넷 四 sì
⑤ 5, 다섯 五 wǔ
⑥ 6, 여섯 六 liù
⑦ 7, 일곱 七 qī
⑧ 8, 여덟 八 bā
⑨ 9, 아홉 九 jiǔ
⑩ 10, 열 十 shí
⑪ 가위바위보를 하다 划拳 huáquán

- 가위 剪子 jiǎnzi
- 바위 石头 shítou
- 보 布 bù

⑽ 12지의 동물들

① 소 牛 niú
② 말 马 mǎ
③ 호랑이 老虎 lǎohǔ
④ 용 龙 lóng
⑤ 원숭이 猴子 hóuzi
⑥ 개 狗 gǒu
⑦ 돼지 猪 zhū
⑧ 토끼 兔子 tùzi
⑨ 닭 鸡 jī
⑩ 뱀 蛇 shé
⑪ 양 羊 yáng
⑫ 쥐 老鼠 lǎoshǔ

⑾ 사람의 몸

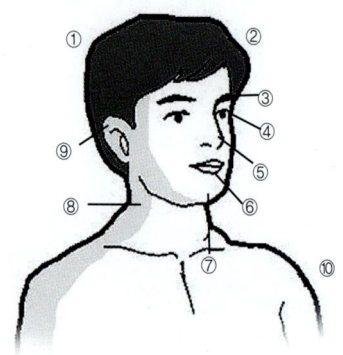

① 머리 头 tóu
② 머리카락 头发 tóufa
③ 눈썹 眉毛 méimáo
④ 눈 眼睛 yǎnjing
⑤ 코 鼻子 bízi
⑥ 입 嘴 zuǐ
⑦ 턱 下巴 xiàba
⑧ 목 脖子 bózi
⑨ 귀 耳朵 ěrduo
⑩ 어깨 肩膀 jiānbǎng
· 얼굴 脸 liǎn
· 볼 腮帮子 sāibāngzi
· 속눈썹 眼睫毛 yǎnjiémáo
· 인중 人中沟 rénzhōnggōu
· 입술 嘴唇 zuǐchún
· 치아 牙齿 yáchǐ

그림으로 익히는 단어

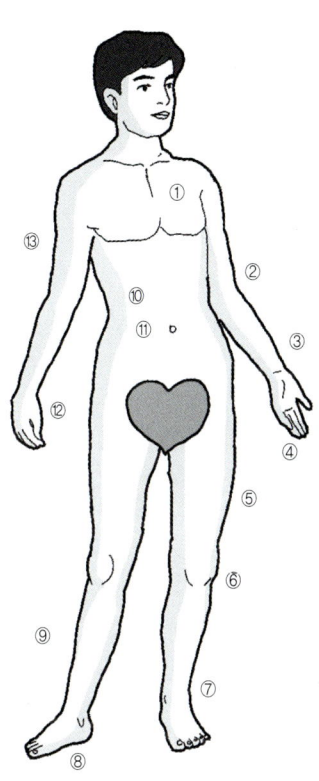

① 가슴 胸部 xiōngbù
② 팔꿈치 胳膊肘 gēbozhǒu
③ 손목 手腕 shǒuwàn
④ 손 手 shǒu
⑤ 허벅지 大腿 dàtuǐ
⑥ 무릎 膝盖 xīgài
⑦ 발목 脚腕子 jiǎowànzi
⑧ 발 脚 jiǎo
⑨ 정강이 小腿 xiǎotuǐ
⑩ 배 肚子 dùzi
⑪ 배꼽 肚脐儿 dùqír
⑫ 손가락 手指 shǒuzhǐ
⑬ 팔 胳膊 gēbo

· 엉덩이 屁股 pìgu
· 허리 腰 yāo
· 몸, 신체 身体 shēntǐ
· 건강 健康 jiànkāng

(12) 채소와 과일

① 가지 茄子 qiézi
③ 배추 白菜 báicài
⑤ 오이 黄瓜 huángguā
⑦ 피망 甜椒 tiánjiāo
⑨ 감자 土豆 tǔdòu

② 양파 洋葱 yángcōng
④ 마늘 大蒜 dàsuàn
⑥ 무우 萝卜 luóbo
⑧ 당근 胡萝卜 húluóbo
⑩ 고구마 红薯 hóngshǔ

그림으로 익히는 단어

① 딸기 草莓 cǎoméi
② 레몬 柠檬 níngméng
③ 감 柿子 shìzi
④ 포도 葡萄 pútáo
⑤ 오렌지 橙子 chéngzi
⑥ 귤 橘子 júzi
⑦ 수박 西瓜 xīguā
⑧ 바나나 香蕉 xiāngjiāo
⑨ 파인애플 菠萝 bōluó
⑩ 멜론 白兰瓜 báilánguā
⑪ 배 梨 lí
⑫ 사과 苹果 píngguǒ

엮은이	이지랭기지 스터디(Easy Language Study)
녹음	위하이평 원어민. 방송통신대학교 중국어 진행자. 쉬징 원어민. (현) 분당 허경중국어교실 원장.

초판 1쇄 발행 2009년 9월 15일
　　　15쇄 발행 2024년 9월 10일

엮은이	이지랭기지 스터디		
발행인	박해성		
편집인	박주홍, 김해영	디자인	허다경
발행처	**정진출판사** 02752 서울 성북구 화랑로 119-8 대표전화 (02) 917-9900 홈페이지 jeongjinpub.co.kr 이메일 jj1461@chol.com 출판등록 1989년 12월 20일 제 6-95호		

ⓒ 정진출판사 2009
ISBN 978-89-5700-092-2 *13720

정가 6,800원

• 출판사와 저자의 허락 없이 내용의 무단 발췌와 인용을 금합니다.
• 파본은 교환해 드립니다.